MODERN SPOKEN ITALIAN:

Active Italian Communication

PART B

by
Elaine Vertucci Baran

AUDIO-FORUM
A division of Jeffrey Norton Publisher, Inc.

MODERN SPOKEN ITALIAN: ACTIVE ITALIAN COMMUNICATION PART B

ISBN: 0-88432-074-X

Published by Audio-Forum, a division of Jeffrey Norton Publishers, Inc.
On-the-Green, Guilford, Connecticut 06437

PREFACE

Modern Spoken Italian, Part B, as was Part A, was born out of a desire to find suitable and sensible learning materials in Italian, that met the needs of community college students desiring to learn Italian both in a classroom situation and independently.

The author feels that as with Part A, this course provides the student with either option. These second level materials are designed both for classroom use and independent study with what the author believes are excellent chances for success.

As with Part A, Part B contains a complete text study guide completed by cassette tapes. Testing again is incorporated into the taped program, once more making use of several different kinds of recorded exercises.

A great deal of what was learned in preparing Part A is reflected in changes in Part B; changes that can only give the independent learner an optimum opportunity to continue to succeed in the study of Italian. Again the author firmly believes that this can be achieved by carefully following the strategy of the program as explained in the "Notes to the Learner" which follows this Preface.

Again the author most sincerely thanks all those students whose patience and suggestions helped make Part B a reality. Most grateful thanks are extended to Liliana Francavilla, Luisa Francavilla, Sergio Francavilla and also Adelina Lannon for providing the tape voices and to Bart Coma who produced the taped materials.

The author again notes especially Susan Corsetti London for developing the taped culture capsules, Dan Baran for the fine drawings and Deborah Gardner for the excellent manuscript typing.

As before, the author appreciates the efforts of the administration of Brookdale Community College in facilitating publication of these materials, as well as the Instructional Development Laboratory of Brookdale whose facilities were used to produce all the taped material. She again gratefully acknowledges Jeffrey Norton Publishers for patience and forbearance in awaiting Part B.

Lastly, as before, she thanks her family, her husband Carl and her children Cara and Jonathan for support, cooperation and love.

Elaine Vertucci Baran
November 1981

NOTES TO THE LEARNER

MODERN SPOKEN ITALIAN, PART B, following the pattern of Part A, is composed of ten units of written instruction complemented by ten units of taped instruction. However, there is no introductory pronunciation unit. In its place a pronunciation drill will be found at the beginning of each unit concentrating on a specific sound in Italian.

As before, the written units are divided into the following sections: Basic Sentences, Dialogs or Narratives, Questions, Supplements, Grammatical Explanations, Drills (repetition,substitution,cued question and answer, question and answer, free response), Review Questions and Learning Activities. The taped units correspond exactly to the written units and the only drills not recorded are free reponse. The Review Questions and the Learning Activities are also not recorded.

The interesting Culture Capsules of Part A have been continued in Part B. They again provide much information on the many different aspects of Italian life and language. Also, your mastery of each unit is again evaluated in the "Test Yourself" section at the end of each unit. In Part B however the "Test Yourself" section has been expanded to four parts; the fourth part is a Guided Conversation. It simulates a conversational situation and again encourages you,the learner,to make truly conversational responses. Again, the Culture Capsules and "Test Yourself" are only on tape with the exception of the pictures of Part II of the "Test Yourself".

Some lively drawings that correspond to situations from the units are again interspersed throughout the text and you are encouraged to use them as conversation starters. The pictures of the Part II "Test Yourself" are excellent for short stories using the vocabulary you have learned.

For you, the learner, to achieve maximum benefit from these Part B materials, you are urged to follow a specific pattern:

FIRST: Begin with the Pronunciation Drill of each unit. It will utilize,for the most part, a sound that is featured prominently in that unit and will provide an excellent review of the sounds of the unit.

SECOND: Again, listen carefully and then repeat the Basic Sentences. As with Part A try not to use the written materials the very first time you listen and repeat. See how much you can comprehend and repeat without the written words. Try this technique for both the Basic Sentences and the Dialogs/Narratives. Then practice saying them until you feel comfortable and understand their meanings. They are your first introduction to the vocabulary and grammatical patterns of each unit.

THIRD: Go on to Dialog/Narrative and practice it until you feel comfortable enough to answer questions on it. Remember that the Dialogs are a recombination of the vocabulary and structures of the Basic Sentences and therefore provide you with good practice on several forms of the verb.

FOURTH: Now go on to the Questions. Unlike Part A, only Questions are on tape for each unit. This is done to encourage you to supply your own answers based on the dialog and in some instances be a bit creative.

FIFTH: Continue on to the Supplement and practice it in the same fashion as the Basic Sentences and the Dialogs.

SIXTH: At this point grammatical explanations begin. As with Part A we have tried to make them as straightforward and uncomplicated as possible; however, some of them may be a bit more involved since you have already acquired a basic mastery of Italian grammatical patterns and are now building on that.

All grammatical points are followed by several grammatical operations. Remember that most of the drills are not answered in the text. The tape provides the correct response. However, space is provided in the text for you to write the correct answer either before or after you listen to the tape. This is up to you. As in Part A you have a great deal of flexibility here - you may choose to do all drills orally or all drills in writing first. Although the author prefers listening and speaking first, some learners find that writing first enables them to better understand the spoken word. Therefore, take the text and the tape and find which method works best for you. Be very sure to allow yourself enough time to cover all the drills presented thoroughly before you go on to the Review Questions.

SEVENTH: You have now arrived at a point in the unit which expects a good grasp of the materials presented: the Review Questions, Learning Activities and finally the taped "Test Yourself" section. As in Part A the Review Questions are not recorded and many encourage original responses not based on the text. The author suggests that you do them both orally and in writing. This should not be a problem if you have followed the suggested pattern and carefully worked through the unit.

The Learning Activities are provided to give you more practice in understanding, speaking and writing the language. Although many of them are originally designed for a group situation, the author encourages you to try them and again urges you to find someone to speak and work with if at all possible, in Italian. The person need not have a tremendous knowledge of the language, but he/she will be someone who can respond to you. Get out and practice your Italian as much as you possibly can.

EIGHTH: Lastly, the "Test Yourself" section completes each unit. This is not only an excellent exercise to determine your mastery of the materials, it is also another opportunity to extend your abilities in Italian. As previously noted, it has been expanded to four parts in Part B - a 'Dictation' in which you take dictation in Italian and then answer the dictation questions in Italian; a 'Listening Comprehension' exercise in which you listen to the tape and then select an answer from a page of drawings in your text; a'Listen and Write which evaluates your ability to remember what has been said in Italian and then write it down; and a 'Guided Conversation' exercise in which you make appropriate responses to complete a conversation.

After you have completed the "Test Yourself" section, do not hesitate to read aloud your responses to Parts I and II and record your voice if you are able. Use the pictures from Part II and the other pictures in the text and start conversing or summarizing using the vocabulary learned and additional vocabulary if you wish.

As stated in the Preface, the author firmly believes that by following the steps outlined here you will achieve a maximum amount of communicative competence in this second level of Italian. You are now ready to begin. Go on to the Pronunciation Drill of Unit I.

CONTENTS

UNIT I

OVERVIEW OF UNIT I

In this unit you will be introduced to one of the past tenses, specifically the present perfect tense. We will also add some useful expressions and work with the affirmative and negative familiar imperative. Each unit we now begin with a pronunciation drill.

GRAMMAR POINTS PRESENTED

1. Explanation of present perfect tense of verbs conjugated with avere including:

   A. formation of past partciple of regular -are, -ere and -ire verbs.
   B. irregular past participles.
   C. forming the negative.

2. The affirmative and negative familiar imperative.

SECTION I PRONUNCIATION DRILL

Let's practice the sound of sc before e or i. Here are some examples from Unit I:

sciistica, uscire, sciare

Here are some other examples:

finisce
scientifico
lasciare
prosciutto
scelto

Now listen and repeat:

sciistica
uscire
sciare
finisce
scientifico
prosciutto
lasciare
scelto

PRONUNCIATION DRILL (continued)

Repeat the following sentences:

Finisce la lezione.
Il prosciutto è buono.
Non voglio uscire.

SECTION II BASIC SENTENCES

PT. I UNA CHIACCHIERATA AL TELEFONO	A "CHAT" ON THE TELEPHONE
Ieri Carla ha telefonato a Patrizia.	Yesterday, Carla called Patrizia.
Ha parlato con la mamma.	She spoke with her mother.
Patrizia ha lavorato alla Standa.	Patrizia worked at the Standa. (a department store)
I giovani hanno passato una bella giornata a Cortina d'Ampezzo.	The young people spent a nice day at Cortina d'Ampezzo.
È la notoria risorta sciistica.	(It) is the well known ski resort.
Patrizia non ha mai tempo per svagarsi.	Patrizia never has time to relax (to herself).

NOTE: Cortina d'Ampezzo is located in North-eastern Italy in the Friuli-Venezia Giulia Region. A beautiful area, it has become one of the most noted winter sports resorts in Europe. Since it is so close to Austria, it has a pleasing Italian-Austrian atmosphere.

PT. II

Hanno cercato una trattoria.	They looked for a restaurant. (small)
Hanno trovato qualcosa.	They found something.
Hanno mangiato alla "Campana Vecchia".	They ate at the "Old Bell".

PT.II (continued)

Hanno preso la famosa "polenta con salsiccia"*	They had (took) the famous "polenta with sausage".
La sera hanno preso delle paste per tutti.	In the evening they got (took) pastries for everyone.
Hanno terminato la serata con un film alla televisione.	They ended the evening with a film on T.V.
Alberto Sordi è divertente.	Alberto Sordi is funny.
Patrizia *manca sempre a queste occasioni!	Patrizia always misses these get-togethers! (occasions)

NOTE: *Regional specialities are a very important part of Italian cuisine. Polenta (corn mush) con salsiccia is one of these.

*MANCARE follows the same pattern as the verb cercare.

SECTION III <u>DIALOGS</u>

PART I

CARLA: Patrizia, ieri ti ho telefonato...	Patrizia, I called you yesterday...
PATRIZIA: Oh! Sì Carla, hai parlato con mamma...	Oh, yes Carla, you spoke with mom...
CARLA: Allora,(tu) hai lavorato?	Then,did you work?
PATRIZIA: Certo, alla Standa. Che cosa hai fatto ieri?	Of course, at Standa. What did you do yesterday?
CARLA: Io, Maria, Claudio e Fausto abbiamo passato una bella giornata a Cortina d'Ampezzo, la notoria risorta sciistica.	Maria, Claudio, Fausto and I spent a nice day at Cortina d'Ampezzo, the famous ski resort.
PATRIZIA: Veramente? Che peccato! Non ho mai tempo per svagarmi.	Really? What a shame! I never have time to relax (to myself).

SECTION III DIALOGS (continued)

PART II

CARLA: E poi abbiamo cercato una trattoria.	And then we looked for a restaurant.
PATRIZIA: Avete trovato qualcosa?	Did you find something?
CARLA: Sì, abbiamo mangiato alla "Campana Vecchia". Abbiamo preso la famosa "polenta con salsiccia".	Yes, we ate at the "Old Bell". We had their famo "polenta with sausage".
PATRIZIA: E che cosa avete fatto ieri sera?	And what did you do in the evening?
CARLA: Claudio e Fausto hanno comprato delle paste per tutti. Abbiamo terminato la serata a casa mia.	Claudio and Fausto bought (some) pastries for every-one. We ended the evening at my house.
PATRIZIA: Non mi dire! Avete visto quel film con Alberto Sordi alla televisione.	Don't tell me! You saw tha film with Alberto Sordi on T.V.
CARLA: Sì, com'è divertente!	Yes, how funny he is!
PATRIZIA: Uffa! Manco sempre a queste occasioni.	Darn! I always miss these get-togethers!

SECTION IV <u>QUESTIONS</u>

PART I

1. Chi ha telefonato a Patrizia?
2. Con chi ha parlato?
3. Dove ha lavorato Patrizia?
4. Che cosa hanno fatto i giovani?
5. Patrizia ha tempo per svagarsi?

PART II

1. Che cosa hanno cercato?
2. Hanno trovato qualcosa?
3. I ragazzi hanno comprato del gelato?
4. Dove hanno terminato la serata?
5. Quale film hanno visto?

QUESTIONS PT. II (continued)

6. Com'è Alberto Sordi?
7. A che cosa manca sempre Patrizia?

SECTION V SUPPLEMENT

Useful expressions:

Non ho mai tempo per:	I never have time to:
leggere un bel romanzo	read a good romance
*uscire in comitiva	go out with a group (of friends)
vedere la televisione	to watch T.V.
**sciare	to ski
dormire bene	to sleep well
riposarmi	to relax
divertirmi	to have a good time

*USCIRE is an irregular verb which will be explained in the next Unit.
**SCIARE is a regular -are verb. (tu scii - 2 i's). It follows the same patterns as presented in Unit V of Modern Spoken Italian Part A

SECTION VI THE PRESENT PERFECT TENSE

A. Study the following:

Carla ha telefonato a Patrizia.
Hanno passato una bella giornata...
Patrizia ha lavorato.
Hanno preso delle paste...

These are all examples of the present perfect tense from this unit. This tense is used to describe recent past actions and events. It is often referred to as the "conversational past". Referring to it in this manner, as the "conversational past", distinguishes it from another past tense, the preterit or past absolute, which translates in the same way as the "conversational past", but it is

SECTION VI (continued)
not really a "conversational tense".
The preterit is used only occasionally in conversation to refer to the distant past or an historical event. Its usage is mainly reserved for the written word.

The present perfect tense is a two part or compound tense A large number of verbs form the tense in the following way: using the present tense of the verb AVERE and the PAST PARTICIPLE of the verb.

To form the past participle of regular verbs drop the -ARE, -ERE, -IRE from the infinitive. This will give you the infinitive stem. To those you then add -ATO, -UTO, and -ITO respectively.

EXAMPLES

parl -are............parl<u>ato</u>
vend -ere............vend<u>uto</u>
dorm -ire............dorm<u>ito</u>

Now let's put the two parts together:

ho parlato	I spoke, I have spoken, I did speak
hai parlato	
ha parlato	
abbiamo parlato	
avete parlato	
hanno parlato	
ho venduto	I sold, I have sold, I did sell
hai venduto	
ha venduto	
abbiamo venduto	
avete venduto	
hanno venduto	
ho dormito	I slept, I have slept, I did sleep
hai dormito	

ha dormito
abbiamo dormito
avete dormito
hanno dormito

The most common translation for the present perfect tense is the simple past - however, depending on context, you may use the compound forms of have and sometimes did.

Note that verbs that (can) take a direct object or transitive verbs as they are called, use avere to form this tense. You will better understand this as we progress in our study of the present perfect tense.

B. The negative present perfect - Simply put non before the avere form.

Affirmative:	Ho comprato un libro.
Negative:	Non ho comprato un libro.
	I didn't buy the book.
Affirmative:	Abbiamo venduto la casa.
Negative:	Non abbiamo venduto la casa.
	We didn't sell the house.

C. Irregular past participles - A number of verbs, especially those ending in -ere, have irregular past participles. Here is a list of several verbs we have had so far and their past participles:

fare........fatto
prendere....preso
aprire......aperto
leggere.....letto
bere.......bevuto
mettere....messo
vedere.....visto
(you may also use veduto)

SECTION VII REPETITION DRILL

A. Ho comprato delle paste.
Hai comprato delle paste.
Ha comprato delle paste.
Abbiamo comprato delle paste.
Avete comprato delle paste.
Hanno comprato delle paste.

B. Ho venduto la trattoria.
Hai venduto la trattoria.
Ha venduto la trattoria.
Abbiamo venduto la trattoria.
Avete venduto la trattoria.
Hanno venduto la trattoria.

C. Non ho dormito bene.
Non hai dormito bene.
Non ha dormito bene.
Non abbiamo dormito bene.
Non avete dormito bene.
Non hanno dormito bene.

SUBSTITUTION DRILLS

D. Carla ha lavorato alla Standa.
Lei______
Tu________
Loro______
Maria_______
Noi_________

E. La giovane ha letto un romanzo.
Io________
Il signore______
I giovani_______
Fausto_________
Tu______________

F. Gianni non ha bevuto niente.
Loro______
Le ragazze______
La mamma________
Voi______
Gianni ed io________

G. REPETITION DRILL

Patrizia ha aperto la porta.
Ha finito di fare la spesa.
Non ha comprato molto.

H. QUESTION AND ANSWER DRILL

Che cosa ha aperto Patrizia?
Ha finito di fare la spesa?
Ha comprato molto?

I. REPETITION DRILL

Hanno visto un film divertente.
Dopo hanno preso una pizza.
Hanno terminato la serata al caffè.

J. QUESTION AND ANSWER DRILL

Che cosa hanno visto?
E dopo, che cosa hanno mangiato?
Dove hanno terminato la serata?

K. REPETITION DRILL

Ho cercato un bel romanzo.
Non ho trovato niente.
Allora, ho preso "Grazia" (an Italian magazine for women)

L. QUESTION AND ANSWER DRILL

Che cosa hai cercato?
Hai trovato qualcosa?
Che cosa hai comprato?

M. REPETITION DRILL

La professoressa ha spiegato la lezione.
Gianni ed io non abbiamo capito bene.
Dopo la classe abbiamo parlato con la professoressa.

N. QUESTION AND ANSWER DRILL

Chi ha spiegato la lezione?
Avete capito bene?
Che cosa avete fatto?

O. CUED QUESTION AND ANSWER DRILL - Answer the following questions according to the cue given:

1. Dove ha fatto la spesa Patrizia? (al centro)
2. Che cosa avete comprato? (del gelato)
3. Avete visto la T.V. ieri sera? (no)
4. Hai sciato ieri? (Sì, a Cortina d'Ampezzo)
5. Dove hanno studiato i giovani? (a casa)
6. Quando hai spedito la lettera? (oggi)
7. Che cosa hanno mangiato i ragazzi? (la polenta)
8. Avete trovato una buona trattoria? (sì)
9. La ragazza ha dormito bene? (no)
10. Dove avete messo il libro? (sulla tavola)
11. A chi hai telefonato? (a Cinzia)
12. Dove avete passato la giornata? (alla spiaggia)

SECTION VIII FAMILIAR IMPERATIVE FORMS

The familiar imperative or command forms are quite simple with the exception of -are verbs, the familiar affirmativ command is the same as the (tu) form of the present tense The subject pronoun of course is omitted. The -are verbs use the ending a instead of the i found in all other form

Affirmative Command

tornare....torna!	come back!
parlare....parla!	speak!
vendere....vendi!	sell!
prendere...prendi!	take!
finire.....finisci!	finish!
aprire.....apri!	open!

The negative familiar imperative is formed by simply placing non before the infinitive form:

non tornare!	non prendere!
non parlare!	non finire!
non vendere!	non aprire!

A. REPETITION DRILL

1. torna!
2. vendi!
3. finisci!
4. lavora!
5. pulisci!
6. gira!
7. prendi!
8. mangia!

B. GIVE THE FAMILIAR NEGATIVE COMMAND OF THE FOLLOWING VERBS:

1. finire
2. guardare
3. bere
4. parlare
5. ascoltare
6. pulire
7. mangiare
8. spedire
9. studiare
10. aprire

C. MIXED RESPONSE DRILL - Answer the following questions with the familiar command as per example:

EXAMPLE: Apro la porta? Sì, apri la porta.

1. leggo il libro? (sì)
2. parto domani? (sì)
3. vendo la macchina? (no)
4. dormo qui? (sì)
5. vedo la T.V.? (no)
6. prendo la pizza? (no)
7. lavoro adesso? (sì)
8. finisco la lezione? (sì)

SECTION IX REVIEW QUESTIONS (Not recorded)

1. Hai fatto colazione?
2. Che cosa hai pulito?
3. I giovani hanno visto un film? Quale film?
4. Dove avete passato la giornata?
5. Hai tempo per riposarti?
6. Lavori oggi? (No, ieri)
7. Translate into Italian: I always miss these get-togethers!
8. Avete telefonato a Carlo?
9. Hai dormito bene?
10. Finisco il libro? (Answer with a negative command form)
11. Che cosa hanno preso i giovani?
12. Tell Gianni to call up Mary.
13. Hai studiato molto ieri sera?

REVIEW QUESTIONS (continued)

14. Translate into Italian: Take the train!
15. Come avete terminato la serata?
16. Avete ascoltato bene il professore?
17. Dove avete sciato?
18. Hai voluto comprare del formaggio? (no)
19. Che cosa ha cercato Carla?
20. Le ragazze hanno fatto una bella chiacchierata?
21. Hai tempo per sciare?
22. Gianni, hai comprato una macchina?
23. Che cosa avete bevuto al caffè?
24. Luisa e Maria(che)cosa avete fatto ieri?
25. Com'è Mario?
26. Avete visto Carlo?
27. Com'è Cortina d'Ampezzo?
28. Con chi avete parlato al cinema?
29. Quale film hai visto recentemente (recently)?
30. A che ora avete mangiato la cena?
31. Come si chiama la notoria risorta sciistica?
32. Chi non ha mai tempo per divertirsi?

SECTION X LEARNING ACTIVITIES

1. Write a paragraph of about seven lines describing your day in Italian. Tell about the things you did and try to use as many regular and irregular verbs in the present perfect tense as possible. Read it aloud to yourself.

2. Match column A with column B

A.	B.
1.Cortina d'Ampezzo	1. negozio
2.Campana Vecchia	2. risorta
3.Alberto Sordi	3. attore
4.La Standa	4. trattoria
5.Polenta con salsiccia	5. specialità

LEARNING ACTIVITIES (continued)

3. Uffa! No ho mai tempo per: Complete this with logical infinitives.

1.__________
2.__________
3.__________
4.__________
5.__________

4.Fill in the blanks with an appropriate verb in the past tense.

1. Io__________molte cose alla Standa.
2. Ieri noi__________a Killington, Vermont.
3. I giovani__________molto.
4. Ieri sera Patrizia__________bene.
5. La professoressa__________la lezione.

UNIT I, PART 2
1
A
B
C
2
CINEMA
CINEMA
CINEMA
3
4
5

UNIT II

OVERVIEW OF UNIT II

In this unit we will continue the present perfect tense, specifically that of verbs conjugated with essere. We will learn two more irregular verbs in the present tense. We will also continue command forms.

GRAMMAR POINTS PRESENTED

1. Explanation of the present perfect tense of verbs conjugated with essere including:

   A. regular and irregular past participles.
   B. the negative.

2. The present tense of uscire and venire.
3. The familiar plural command form in the affirmative and negative.

SECTION I <u>PRONUNCIATION</u> <u>DRILL</u>

Let us practice the sound using the letter <u>c</u>. <u>Ch</u> before e or i and c before a, o, or u both have the same sound in Italian - you may call it the hard c or k sound. Here are some examples from Unit II:

chiacchierona
chiama
difficoltà

che
Carla

conoscenza
architettura

Here are some other examples:

perché
parco
corto

chi
cugino

<u>Now</u> <u>listen</u> <u>and</u> <u>repeat</u>: chiacchierona, chiama, architettura, che, Carla, difficoltà, conoscenza, perché, chi, parco, cugino, corto.

PRONUNCIATION DRILL (continued)

Repeat the following sentences:

Carla è chiacchierona.
Marco studia architettura.
Chi è il cugino di Michele?

SECTION II BASIC SENTENCES

PT. I DIALOGO O MONOLOGO?	DIALOG OR MONOLOG?
Carla è chiacchierona.	Carla is a real talker. (chatterbox)
Chiama un'altra amica.	She calls another friend.
Gianna non sa che cosa hanno fatto.	Gianna doesn't know what they did.
Sono andati a Cortina D'Ampezzo.	They went to Cortina D'Ampezzo.
Patrizia non è venuta.	Patrizia didn't go.(come)
Maria, Fausto, Claudio e Carla sono usciti assieme.	Maria, Fausto, Claudio and Carla went out together.
Sono rimasti tutto il pomeriggio là.	They stayed there the whole afternoon.
Sono tornati a casa di Carla.	They returned to Carla's house.
Sono partiti tardi.	They left late.
Oggi, Carla è sfinita.	Today, Carla is exhausted.
Ora Carla lascia dire una parolina a Gianna.	Now Carla lets Gianna get(allow a word in edgewise.

PT.II UNA LETTERA DAGLI STATI UNITI	A LETTER FROM THE UNITED STATES
(Elena) è arrivata senza nessuna difficoltà.	(Elena)arrived without any problem.(difficulty)
L'aereo è partito alle nove e venti.	The plane left at nine twenty.
Sono atterrati a Kennedy alle undici di mattina.	They landed at Kennedy at eleven in the morning.
Ha fatto la conoscenza di un bravo giovanotto.	She met(made acquaintance of) a nice young man.

Parla benissimo l'italiano.	He speaks very good Italian.
I suoi genitori sono italiani.	His parents are Italian.
Lui è nato negli Stati Uniti.	He was born in the United States.
È venuto a studiare architettura a Roma.	He came to study architecture in Rome.
È tornato per le vacanze estive.	He came back for summer vacation.
*L'ha aiutata con le valige.	He helped her with her luggage. (suitcases)
Sono entrati alla Dogana.	They entered Customs.
Ha visto subito zia Grazia.	She immediately saw aunt Grazia.
La zia sta benissimo.	Her aunt is very well.
Le manda cari saluti.	She sends warm regards to her.
Elena deve scappare.	Elena has to run.

NOTE: *A feminine direct object procedes the verb therefore there is an agreement.

AIUTAT<u>A</u>. We will learn more about this in Units V and VI.

AIUTARE, LASCIARE, MANDARE, SCAPPARE are regular verbs. (to help; to leave; to send; to run,to flee) SCAPPARE is used idiomatically in Italian as in English with the expression: "I have to run".

SECTION III <u>DIALOGS</u>

PART I

Carla, che è una chiacchierona, chiama un' altra amica.	Carla, who is a real talker, calls another friend.
GIANNA: Pronto?	Hello?
CARLA: Gianna, come stai?	Gianna, how are you?
GIANNA: Bene, Carla...	Fine, Carla...
CARLA: Sai che cosa abbiamo fatto ieri? No? Allora,siamo andati a Cortina D'Ampezzo.	Do you know what we did yesterday? No? Well, we went to Cortina D'Ampezzo.

DIALOGS (continued)

GIANNA: Con chi, con Patrizia?
CARLA: Ma no. Patrizia non è venuta, poverina. Maria, Fausto, Claudio ed io siamo andati assieme. Siamo rimasti tutto il pomeriggio là.
GIANNA: Che bello! E...
CARLA: Dopo, siamo ritornati a casa mia. Sono partiti tardi e oggi sono sfinita.
GIANNA: Benissimo, ora mi lasci dire una parolina?

With whom, with Patrizia?
But no. Patrizia didn't come, poor thing. Maria, Fausto, Claudio and I went together.
We stayed there the whole afternoon.
How nice! And...
Then,we went back to my house. They left late and today I'm exhausted.
Very well, now will you let me get a word in edgewise? (little word)

NARRATIVE PART II

Carissima mamma,
Un ciao dagli Stati Uniti. Sono arrivata senza nessuna difficoltà. L'aereo è partito alle nove e venti e siamo atterrati a Kennedy alle undici di mattina. Mamma, ho fatto la conoscenza di un bravo giovanotto.
Parla benissimo l'italiano. I suoi genitori sono italiani però lui è nato negli Stati Uniti. È venuto a studiare architettura a Roma. Adesso è tornato per le vacanze estive. Mi ha aiutata con le valige e siamo entrati alla Dogana assieme. Poi ho visto subito zia Grazia.

Dear mom,
Hello from the United States. I arrived without any difficulties. The plane left at nine twenty and we landed at Kennedy at eleven in the morning. Mommy, I met a nice young man. He speaks very good Italian. His parents are Italian but he was born in the United States. He came to study architecture in Rome. Now he has returned for summer vacation. He helped me with the luggage and we entered Customs together.Then, I immediately saw Aunt Grazia.

PART II (continued)

La zia sta benissimo e ti manda cari saluti. Ora, devo scappare. Abbracci a tutti, Elena.	She's very well, and she sends you her warm regards. Now, I have to run. (Hugs) A hug to everyone, Elena.

SECTION IV QUESTIONS

PART I

1. Chi è chiacchierona?
2. Chiama un'altra amica?
3. Gianna sa che cosa hanno fatto?
4. Dove sono andati?
5. Chi non è venuta?
6. Sono usciti assieme i giovani?
7. Sono rimasti tutta la mattina là?
8. Dopo, sono tornati?
9. Quando sono partiti?
10. Carla sta bene oggi?
11. Carla lascia dire una parolina a Gianna?

PART II

1. Chi è andata negli Stati Uniti?
2. È arrivata senza nessuna difficoltà?
3. A che ora è partito l'aereo?
4. Quando sono atterrati a Kennedy?
5. Con chi ha fatto la conoscenza Elena?
6. Dove sono nati i suoi genitori?
7. E lui?
8. Che cosa studia a Roma?
9. Perché è tornato adesso?
10. Con che cosa l'ha aiutata?
11. Dove sono entrati?
12. Chi ha visto subito Elena?
13. Come sta la zia Grazia?
14. (La zia) manda cari saluti alla mamma d'Elena?
15. Elena deve scappare?

SECTION V SUPPLEMENT

L' aereo è decollato alle dieci.	The plane took off at ten.
L' aereo è atterrato alle sette.	The plane landed at seven.

SUPPLEMENT (continued)

Siamo decollati alle otto.	We took off at eight.
Siamo atterrati all'una.	We landed at one.

SUPPLEMENT B

È venuto a studiare architettura a Roma.	He came to study Architecture in Rome.
È venuto a studiare medicina a Bologna.	He came to study Medicine in Bologna.
È venuto a studiare ingegneria a Catanzaro.	He came to study Engineering in Catanzaro.
È venuto a studiare legge a Padova.	He came to study Law in Padova.
È venuto a studiare letteratura a Firenze.	He came to study Literature in Firenze.
È venuto a studiare arte a Venezia.	He came to study Art in Venezia.
È venuto a studiare musica a Milano.	He came to study Music in Milano.
È venuto a studiare lingue straniere a Perugia.	He came to study Foreign Languages in Perugia.

SECTION VI THE PLURAL INFORMATIVE IMPERATIVE OR COMMAND FORM

The plural command form used in most instances in Italy today is the VOI form. To form the command form of regular verbs (are, ere, ire) simply drop the subject pronoun voi. To make them negative simply use non before the command form.

EXAMPLES

LAVORATE!	NON LAVORATE!
VENDETE!	NON VENDETE!
FINITE!	NON FINITE!

SECTION VII REPETITION DRILL - A.

Guardate! Uscite! Ascoltate! Non partite!
Parlate! Non girate! Spedite! Non venite!
Chiamate! Dormite!

REPETITION DRILL - B. Give the VOI command form of the following verbs:

partire______	uscire_______
chiamare_____	finire_______
lavorare_____	prendere_____

SECTION VIII THE PRESENT TENSE OF USCIRE AND VENIRE

A. Uscire (to go out) and venire (to come) are irregular verbs. Uscire is quite irregular, in that the letter u changes to e in four forms. However, remember that the noi and voi forms retain the original form (usci -):

ESCO	I GO OUT
ESCI	YOU GO OUT
ESCE	HE/SHE GOES OUT
USCIAMO	WE GO OUT
USCITE	YOU GO OUT
ESCONO	THEY GO OUT

B. Venire is not quite irregular as uscire. Note that the second and third person singular contain an i after the letter v. Note too the go in the IO and LORO forms.

VENGO	I COME
VIENI	YOU COME
VIENE	HE/SHE COMES
VENIAMO	WE COME
VENITE	YOU COME
VENGONO	THEY COME

Both of the verbs, as is explained in Section X are conjugated with essere in the present perfect tense.

SECTION IX REPETITION DRILLS

A.

esco adesso	usciamo adesso
esci adesso	uscite adesso
esce adesso	escono adesso

SECTION IX (continued)

B.

non vengo oggi	non veniamo oggi
non vieni oggi	non venite oggi
non viene oggi	non vengono oggi

SUBSTITUTION DRILLS

C.

Dove esci tu?

__________ Maria? __________ loro? __________ voi?

D.

Elena viene in Italia.

Noi __________. Voi __________. Loro __________.

CUED QUESTIONS AND ANSWER DRILL

E.

1. La ragazza esce stasera? (sì) __________.
2. Venite a lezione oggi? (no) __________.
3. A che ora uscite? (alle otto) __________.
4. Quando vengono a New York? (lunedì) __________.
5. Con chi esci adesso? (Mario) __________.

SECTION X THE PRESENT PERFECT TENSE OF VERBS CONJUGATE WITH ESSERE.

A. Study the following examples from this unit:

Elena è arrivata.	Elena arrived.
L'aereo è partito.	The plane left.
Sono andati a Cortina D'Ampezzo.	The went to Cortina D'Ampezzo.

Certain verbs use essere instead of avere to form the present perfect tense in Italian. These verbs agree i number and gender with the subject. Therefore, the pa participle will end in o for the masculine singular, a for the feminine singular, i for the masculine plural and e for the feminine plural.

OTHER EXAMPLES

Mario è venuto.	Mario came.
Maria è venuta.	Maria came.
I ragazzi sono venuti.	The boys came.
Le ragazze sono venute.	The girls came.

Verbs that form this tense with <u>essere</u> are said to be intransitive, in other words, they do not take a direct object. Many of them are verbs of some sort of movement to and from: coming, going, landing, taking off, entering, going out, going up, coming down, and so forth.

Here is a substantial list of verbs conjugated with <u>essere</u> and their past participles. They are both regular and irregular.

andare	to go	andato
arrivare	to arrive	arrivato
diventare	to become	diventato
entrare	to enter	entrato
(ri)tornare	to return	(ri)tornato
atterrare	to land	atterrato
decollare	to take off	decollato
partire	to leave	partito
uscire	to go out	uscito
morire	to die	morto
nascere	to be born	nato
rimanere	to stay	rimasto
scendere	to go down	sceso
ascendere	to ascend to go up	asceso
discendere	to descend to go down	disceso
venire	to come	venuto

B. <u>THE NEGATIVE</u> - Simply put <u>non</u> before the <u>essere</u> form.

AFFIRMATIVE: Maria è venuta oggi.
NEGATIVE: Maria non è venuta oggi.
AFFIRMATIVE: Siamo arrivati tardi.
NEGATIVE: Non siamo arrivati tardi.

SECTION XI

REPETITION DRILLS

A.

sono uscito
sono uscita
sei uscito
sei uscita
è uscito
è uscita

siamo usciti
siamo uscite
siete usciti
siete uscite
sono usciti
sono uscite

B.

sono venuto
sono venuta
sei venuto
sei venuta
è venuto
è venuta

siamo venuti
siamo venute
siete venuti
siete venute
sono venuti
sono venute

C.

sono rimasto
sono rimasta
sei rimasto
sei rimasta
è rimasto
è rimasta

siamo rimasti
siamo rimaste
siete rimasti
siete rimaste
sono rimasti
sono rimaste

SUBSTITUTION DRILLS

F.

Mario è arrivato tardi.
Lui____________.
Noi (masc.)___________.
Le ragazze____________.
I giovani____________.
Io (feminine)________.

E.

Io non sono tornato.
Loro (feminine)________.
Maria_________________.
Tu (masculine)_________.
Gli studenti__________
Noi (feminine)________

F.

Gianni è nato negli Stati Uniti.
Io (feminine)__________.
Il nonno_______________.
Voi (masculine)________.
I genitori____________
Tu (feminine)__________

G. REPETITION DRILL
Maria è andata in Italia.
È arrivata nel pomeriggio alle quattro.
Alle sette è uscita con un bel ragazzo italiano!

H. QUESTION AND ANSWER DRILL
Dov'è andata Maria?
Quando è arrivata?
Con chi è uscita?

I. REPETITION DRILL
Le ragazze non sono uscite stasera.
Sono rimaste a casa.
Adesso sono entrate nel salotto per vedere la televisione.

J. QUESTION AND ANSWER DRILL
Sono uscite le ragazze?
Sono rimaste a scuola?
Dove sono entrate?

K. QUESTION AND ANSWER DRILL - Answer the following questions in the present perfect tense according to the cue - NO, ieri......

EXAMPLE: Maria arriva oggi? No, ieri
No, è arrivata ieri.

1. I giovani vanno a sciare?
2. Claudio arriva domani?
3. Marco e Fausto partono adesso?
4. Voi uscite (fem.) stasera?
5. Gli studenti tornano a scuola?

L. MIXED DRILL - Change the following sentences from present to present perfect tense using essere or avere as the case may be and using the cue ieri sera.

1. Oggi vado al centro. Ieri sera...........
2. Oggi Maria arriva tardi.
3. Oggi le ragazze lavorano alla Standa.
4. Oggi non compro niente.
5. Oggi partiamo per Parigi.

MIXED DRILL (continued)

6. Oggi faccio qualcosa.
7. Oggi escono assieme.
8. Oggi non vengo al bar.

SECTION XII REVIEW QUESTIONS

1. Dov'è andata Elena?
2. Dove sono nati i genitori di Elena?
3. Hai fatto la conoscenza di un italiano?
4. Dov'è entrata Claudia con il passaporto?
5. Sei chiacchierone (a)?
6. A che ora è partito l'aereo?
7. Perché non è andata Patrizia a Cortina D'Ampezzo?
8. Uscite assieme stasera?
9. Translate into Italian: You(plural) come back!
10. Che cosa studia Giorgio a Bologna?
11. Quando sono arrivati a Roma gli studenti?
12. Translate into Italian: Don't eat now (plural)
13. Tu sei ritornato per le vacanze estive?
14. Vuoi uscire?
15. Dove ha studiato ingegneria Marco?
16. Avete messo le valige nella stanza?
17. Sono decollati tardi?
18. Perché è sfinito Marco?
19. Chi non è venuta a lezione oggi?
20. Tu devi scappare? Perché?
21. Carla ha chiamato un'altra amica?
22. Siete rimasti alla risorta?
23. Chi ha visto subito la zia?
24. Dov'è nata la ragazza?

SECTION XIII LEARNING ACTIVITIES

1. Devo scappare: ho lezione alle 3
Replace the underlined with five (5) other logical reasons why you "have to run".

1. ______________________________
2. ______________________________
3. ______________________________
4. ______________________________
5. ______________________________

2. Describe a trip or an outing that will require using several verbs which take essere in the past tense. Read it aloud when you are finished.

3. Select 10 new words from this Unit and use each one in a sentence.

4. Imagine that you are Elena's mother and you have just received her letter. What are 7 questions that you would like to ask her in your answering letter? (For example: about N.Y., the trip, the young Italian she met, Aunt Grace, etc.)

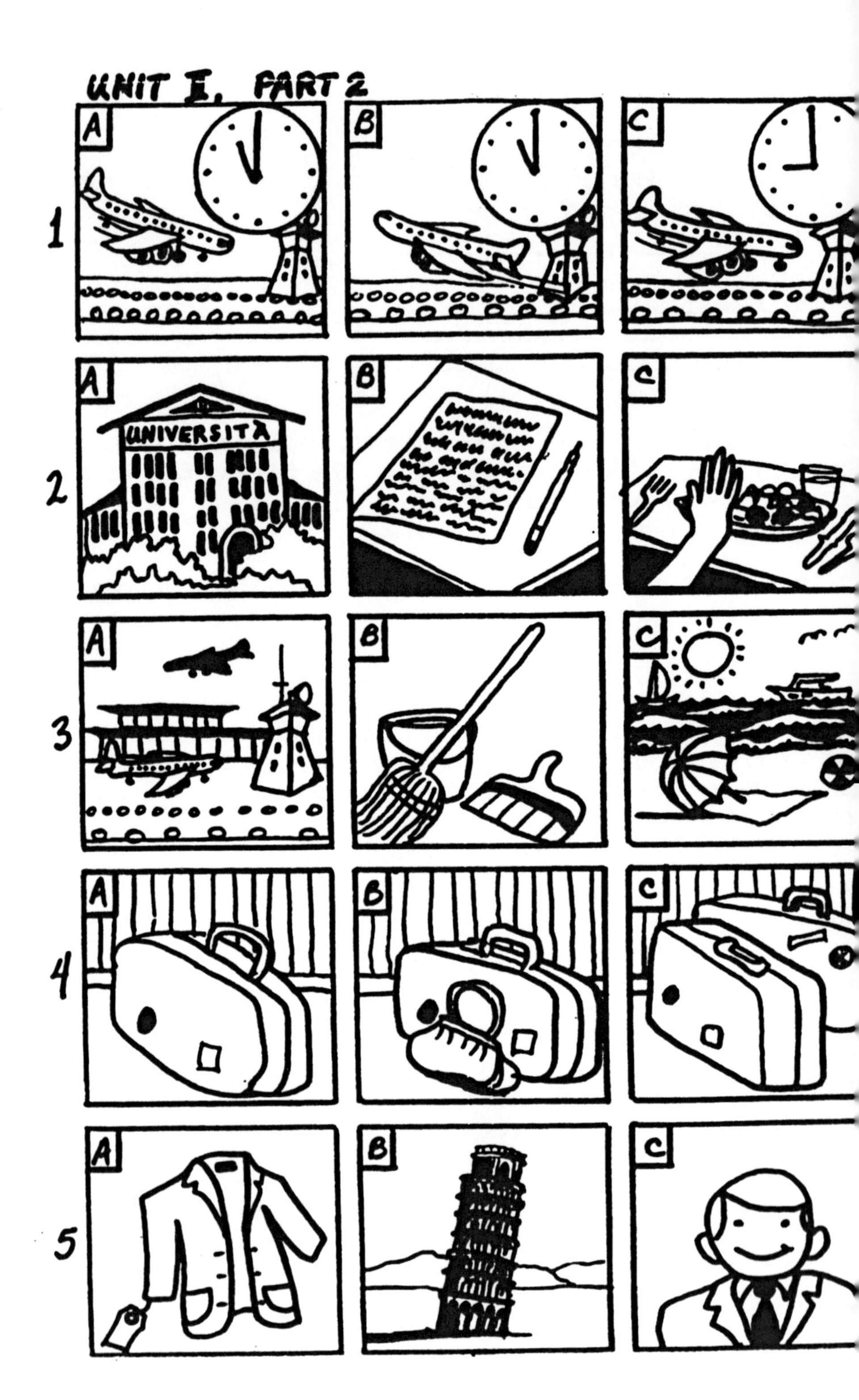

UNIT I, PART 2
1
2
3
4
5
A
B
C
UNIVERSITÀ

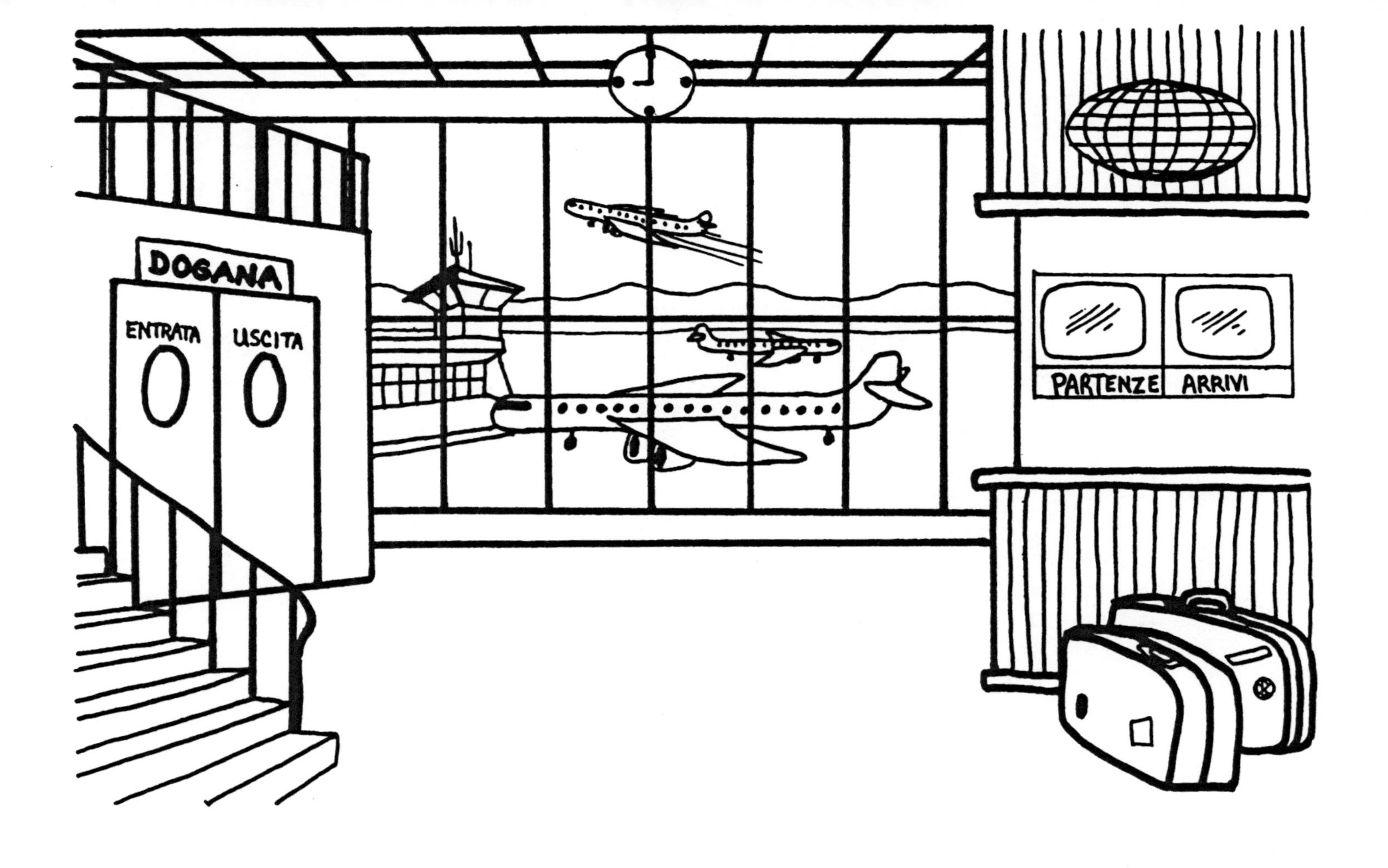
DOGANA
ENTRATA
USCITA
PARTENZE
ARRIVI

UNIT III

OVERVIEW OF UNIT III

In this unit we will formally study possessive adjectives. We will also study the verbs sapere and conoscere in the present and past tenses. A special usage of the present tense using the word 'da' will be introduced as well as a great deal of new vocabulary including colors and clothing.

GRAMMAR POINTS PRESENTED

1. Explanation of possessive adjectives.
2. Present tense of sapere and conoscere.
3. Present perfect tense of sapere and conoscere.
4. Da with expressions of time (idiomatic present)

SECTION I PRONUNCIATION DRILL

Let us practice words with double consonants. Here are some examples from Unit III.

anni
piacerebbe
interessanti
della
borsellino
benedetta
fratello
donne
mamma

Here are some other examples:

quattro mezzo oggi allora affetto

Repeat the following sentences:

Mi piacerebbe conoscere una bella donna.
Dov'è il benedetto borsellino?
Il fratello di Vittoria è interessante.

SECTION II BASIC SENTENCES

A. UNA CONOSCENZA	AN INTRODUCTION
Elena vuole presentare il suo amico Marco a zia Grazia.	Elena wants to introduce her friend Marco to (her) Aunt Grazia.
La zia è lieta di conoscerlo.	(Her) aunt is pleased to know (meet) him.
Marco è lieto.	Marco is pleased.
Marco abita a New York.	Marco lives in New York.
Gli piace molto la città.	He really likes the city.
La conosce bene.	He knows it well.
Abita a New York da 14 anni.	He's been living in New York for 14 years.
Gli piacerebbe mostrare i luoghi interessanti ad Elena.	He would like to show the sights (interesting places) to Elena.
Le sue gambe (della zia Grazia) non sono più in buona forma.	Her legs (Aunt Grace's) are no longer in good shape.
È una splendida idea.	It's a great idea.
Elena è d'accordo.	Elena agrees.

B. CERCANDO UNA BORSA...	LOOKING FOR A POCKETBOOK...
Gianna non ha visto la sua borsa.	Gianna hasn't seen her pocketbook.
Non è sulla tavola.	It's not on the table.
C'è soltanto la borsa della madre.	There's only mother's pocketbook.
Cinzia guarda nella loro camera.	Cinzia looks in their room.
C'è soltanto il suo borsellino.	There's only her change purse.
Ha fatto qualcosa con quella benedetta borsa.	She did something with that darned (lit. blessed) pocketbook.
Il loro fratello entra.	Their brother comes in.
C'è molto rumore.	There's a lot of noise.
Cinzia non può trovare la borsa.	Cinzia can't find her pocketbook.

SECTION II (continued)

Esce pazza.	She's going crazy.
Roberto guarda un po' e trova la borsa.	Roberto looks around a little and finds the pocketbook.
Cinzia sta cercando questa borsa.	Cinzia is looking for this pocketbook.
Cinzia non ci crede.	Cinzia doesn't believe it.
È davanti ai suoi occhi.	It's right in front of her eyes.
Roberto non capisce le donne.	Roberto doesn't understand women.

SECTION III <u>DIALOG</u>

A. UNA CONOSCENZA	AN INTRODUCTION
ELENA: Zia, voglio presentarti Marco Rossi.	Aunt, I want to introduce you to Marco Rossi.
ZIA GRAZIA: Piacere di conoscerla.	Pleased to meet you.
MARCO: Molto lieto.	The pleasure is mine. (Lit. very pleased)
ZIA GRAZIA: Elena mi dice che lei abita a New York.	Elena tells me that you live in New York.
MARCO: Sì, mi piace molto la città.	Yes, I really like the city.
ZIA GRAZIA: Da quanto tempo abita qui?	How long have you lived here?
MARCO: Abito a New York da 14 anni. La conosco bene.. e, Signora, mi piacerebbe mostrare i luoghi interessanti ad Elena.	I've been living in New York for 14 years. I know it well...and, Maam, I would like to show the sights to Elena.
ZIA GRAZIA: Lo sa, Marco, le mie gambe non sono più in buona forma...è una splendida idea!	Do you know, Marco, my legs are no longer in good shape...(but)it's a great idea!
ELENA: D'accordo!	I agree!

B. CERCANDO UNA BORSA...	LOOKING FOR A POCKETBOOK
CINZIA: Gianna, hai visto la mia borsa?	Gianna, have you seen my pocketbook?
GIANNA: È lì, sulla tavola.	It's there, on the table.
CINZIA: No, non è lì. C'è soltanto la borsa di mamma.	No, it's not there. There's only mom's pocketbook.
GIANNA: Allora, guarda nella nostra camera.	Then, look in our room.
CINZIA: No, c'è soltanto il tuo borsellino.	No, there's only your change purse.
GIANNA: Ragazza mia! Cosa hai fatto con questa benedetta borsa?	My (dear) girl! What did you do with that darned pocketbook?
(Il loro fratello Roberto entra)	(Their brother Roberto comes in)
ROBERTO: Che cosa è tutto questo rumore?	What's all this noise?
CINZIA: Non posso trovare la mia borsa. Esco pazza.	I can't find my pocketbook. I'm going crazy.
(Roberto guarda un pò e trova la borsa)	(Roberto looks around a bit and finds the pocketbook)
ROBERTO: Stai cercando questa?	Is this what you're looking for?
CINZIA: Non ci credo! Proprio davanti ai miei occhi!	I don't believe it! Right in front of my eyes!
ROBERTO: Donne! Chi le capisce?	Women! Who understands them!

SECTION IV <u>QUESTIONS</u>

1. A chi lo presenta Elena? (lo refers to Marco)
2. Chi è lieta?
3. Chi è lieto?
4. Dove abita Marco?

SECTION IV (continued)

5. Da quanto tempo abita a New YorK?
6. Gli piace la città?
7. Marco conosce bene New York?
8. Che cosa vuole fare?
9. Come sono le gambe della zia?
10. È una splendida idea?
11. Elena è d'accordo?

B.
1. Che cosa cerca Cinzia?
2. È sulla tavola?
3. Allora, dove guarda?
4. La sua borsa è nella loro camera?
5. È una benedetta borsa?
6. Chi entra?
7. Chi esce pazza? Perché?
8. Chi trova la borsa?
9. Dov'è?
10. Roberto capisce le donne?

SECTION V SUPPLEMENT A

Di che colore è il tuo cappotto?	What color is your coat?
Il mio cappotto è rosso.	My coat is red.
nero.	black.
azzurro.	blue. (light)
bianco.	white.
giallo.	yellow.
grigio.	grey.
verde.	green.
marrone.	brown.
arancione.	orange.
*blu.	blue.
*rosa.	pink.

*NOTE: These words have only one form for masculine a[nd] feminine, singular and plural.

SUPPLEMENT B

Di che colore è la tua giacca?	What color is your jacket?
La mia giacca è rossa.	My jacket is red.
nera.	black.
azzurra	blue. (light)
bianca.	white.
gialla.	yellow.
grigia.	grey.
verde.	green.
marrone.	brown.
arancione.	orange.
blu.	blue.
rosa.	red.

SUPPLEMENT C - OTHER ARTICLES OF CLOTHING

la camicetta	the blouse
la gonna	the skirt
la cravatta	the tie
la camicia	the shirt
la maglia	the sweater
il vestito	the dress
il cappello	the hat
il costume da bagno	the bathing suit
i calzini	the socks
i collant	the stockings or hose
i guanti	the gloves
le scarpe	the shoes

SECTION VI POSSESSIVE ADJECTIVES

Study the following from our Unit:

Elena vuole presentare il suo amico Marco Rossi.
Le sue gambe non sono più in buona forma.
Cinzia guarda nella loro camera.
Proprio davanti ai miei occhi.
Il loro fratello entra.

POSSESSIVE ADJECTIVES (continued)

Those all contain examples of the use of possessive adjectives in Italian.

Here is a complete listing of all forms of the possessive adjectives:

MASCULINE SINGULAR	MASCULINE PLURAL	
il mio cappello	i miei cappelli	MY
il tuo cappello	i tuoi cappelli	YOUR (familiar)
il suo cappello	i suoi cappelli	HIS, HER, ITS YOUR, (formal)
il nostro cappello	i nostri cappelli	OUR
il vostro cappello	i vostri cappelli	YOUR (familiar)
il loro cappello	i loro cappelli	THEIR, YOUR (formal)

FEMININE SINGULAR	FEMININE PLURAL	
la mia cravatta	le mie cravatte	MY
la tua cravatta	le tue cravatte	YOUR (familiar)
la sua cravatta	le sue cravatte	HIS, HER, ITS YOUR, (formal)
la nostra cravatta	le nostre cravatte	OUR
la vostra cravatta	le vostre cravatte	YOUR (familiar)
la loro cravatta	le loro cravatte	THEIR, YOUR (formal)

Please remember the following about possessive adjectives

1. They are normally proceded by definite articles.
2. A. They agree in <u>number</u> and gender with the <u>object possessed</u>, <u>never</u> with the possessor: thus, <u>la sua</u> cravatta, translated as his tie, is <u>sua</u> because of tie which is feminine.

POSSESSIVE ADJECTIVES (continued)

B. Loro is always preceded by a definite article and it remains loro in every form. This is called invariable.

3. Definite articles are omitted with possessive adjectives only:

A. Where directly addressing someone:

EXAMPLE:
"Buon giorno mia sorella."

B. When using a singular unmodified noun referring to relatives.

EXAMPLE:
Suo fratello studia a Bologna.
Mia madre abita a Perugia.

Exceptions to this relative rule are: mamma, papa.

EXAMPLE:
La mia mamma cerca la sua borsa.
Il mio papà non conosce Mario.

SECTION VII REPETITION DRILL

A. Dov'è il mio vestito?
Dov'è il tuo vestito?
Dov'è il suo vestito?
Dov'è il nostro vestito?
Dov'è il vostro vestito?
Dov'è il loro vestito?

B. Cerco la mia borsa.
Cerco la tua borsa.
Cerco la sua borsa.
Cerco la nostra borsa.
Cerco la vostra borsa.
Cerco la loro borsa.

C. Cerco i miei pantaloni.
Cerco i tuoi pantaloni.
Cerco i suoi pantaloni.

C. (continued)

Cerco i nostri pantaloni.
Cerco i vostri pantaloni.
Cerco i loro pantaloni.

D. Dove sono le mie scarpe?
Dove sono le tue scarpe?
Dove sono le sue scarpe?
Dove sono le nostre scarpe?
Dove sono le vostre scarpe?
Dove sono le loro scarpe?

E. QUESTION AND ANSWER DRILL

Example: È la gonna di Paola?
Sì, è la sua gonna.

È la giacca di Claudia?	Sì, è la sua giacca.
È la cravatta di Mario?	Sì, è la sua cravatta.
È il cappotto di Gianni?	Sì, è il suo cappotto.
Sono le scarpe di Gina?	Sì, sono le sue scarpe.
Sono i guanti di Carla?	Sì, sono i suoi guanti.

F. QUESTION AND ANSWER DRILL

I loro vestiti sono qui?	Sì, i loro vestiti sono qui.
La tua camicia è qui?	Sì, la mia camicia è qui.
Le vostre maglie sono qui?	Sì, le nostre maglie sono qui
Il tuo cappello è qui?	Sì, il mio cappello è qui.

G. TRANSLATION DRILL - Translate the following into Italian.

1. Where's my coat?
2. His uncle isn't coming.
3. The pocketbook isn't in their room.
4. He helped Elena with her suitcases.
5. Your house is very pretty.

H. MAKE THE FOLLOWING SINGULAR OR PLURAL AS THE CASE MAY BE

La mia casa________ La sua scarpa________
La mia amica________ I nostri ragazzi________
I loro libri________

I. ANSWER THE FOLLOWING QUESTIONS WITH A POSSESSIVE ADJECTIVE ACCORDING TO THE CUES GIVEN

1. Dov'è la tua famiglia? (Negli Stati Uniti)
2. Avete visto i miei guanti? (No)
3. Di che colore è la maglia di Gianni? (blu)
4. Di che colore sono gli occhi di Maria? (verdi)
5. Dove sono le macchine di Carla? (al centro)

SECTION VIII THE VERBS SAPERE AND CONOSCERE

Study the following sentences from the Unit:

La zia è lieta di conoscerlo.
La conosce bene.
Lo sa Marco...

These are examples of the two verbs 'to know' in Italian, sapere and conoscere. SAPERE is an irregular verb and CONOSCERE is a regular -ere verb in the present tense. What is important to remember with these two verbs is the difference in meanings. SAPERE means to know facts or to know how to do something. CONOSCERE means to know or be acquainted with people, places and in certain instances, things. Study the present tense of each verb.

So sciare.	I know how to ski.
Sai sciare.	You(familiar) know how to ski.
Sa sciare.	He,She,You(formal)...
Sappiamo sciare.	We know how to ski.
Sapete sciare.	You(pl.)know how to ski.
Sanno sciare.	They know how to ski.
Conosco bene New York.	I know New York well.
Conosci bene New York.	You know New York well.

Conosce bene New York.	He,She,You (formal) know know New York well.
Conosciamo bene New York.	We know New York well.
Conoscete bene New York.	You(plural)know New York well.
Conoscono bene New York.	They know New York well

These verbs use AVERE to form the present perfect tense. The past participle of SAPERE is SAPUTO and the past participle of CONOSCERE is CONOSCIUTO.

SECTION IX REPETITION DRILL

A.
Conosco la ragazza
Conosci la ragazza
Conosce la ragazza
Conosciamo la ragazza
Conoscete la ragazza
Conoscono la ragazza

B. Non lo so *
Non lo sai
Non lo sa
Non lo sappiamo
Non lo sapete
Non lo sanno

*This is the very useful expression,"I don't know".

SUBSTITUTION DRILLS

C. Io conosco bene la città
Mario ed io__________
Mia zia______________
Il mio ragazzo__________

D. Ho conosciuto una bella ragazza
Noi_________
Voi_________
Claudio___________

E. Tu sai parlare italiano
Loro________
Maria_______
Io___________
Tu e Claudio_________

F. Loro hanno saputo la storia
Io__________
Sua sorella_________
Noi__________
I nonni________

SECTION X EXPRESSIONS OF TIME WITH 'DA'

Study the following question and answer drill from our Unit:

Da quanto tempo abita qui?	How long have you (been living) lived here?
Abito a New York da 14 anni.	I've been living in New York for 14 years.

Notice the translation of both the question and answer. The present tense + da + an expression of time form a very simple and useful way of expressing in Italian what is quite a complicated construction in English. This is sometimes called the idiomatic present since it is something which began in the past and is still going on in the present. Note that the normal question form is DA QUANTO TEMPO + verb in the present tense + the rest of the question. You may also use DA QUANDO + the verb, etc.

REPETITION DRILL

Mario conosce Maria da molto tempo.
Abito negli Stati Uniti da 5 anni.
Studio lingue straniere da 2 anni.
Aspetto mia nonna da un'ora.

CUED QUESTION AND ANSWER DRILL - Answer the following questions using the cues provided.

1. Da quanto tempo lavóri alla Standa? (2 mesi)
2. Da quando ascoltate la musica? (un'ora)
3. Da quanto tempo escono assíeme? (un anno)
4. Da quanto tempo conosci Mario Rossi? (3 anni)
5. Da quando hai questa bella gonna? (una settimana)
6. Da quanto tempo cercate la borsa? (mezz'ora)

SECTION XI REVIEW QUESTIONS (Not recorded)

1. Sono in buona forma le tue gambe? (ans. with poss. adj.)
2. Di che colore è la giacca di Marco?

REVIEW QUESTIONS (continued)

3. Da quanto tempo studia storia Marco?
4. Che cosa stai cercando?
5. Piacere di conoscerla.....(make a logical response)
6. Sai sciare?
7. Translate into Italian: I can't find my socks and my shoes.
8. Conosci bene questa ragazza?
9. Com'è il loro fratello?
10. Non è sulla tavola la maglia di Maria?
11. Make the following singular: I loro vestiti sono lì.
12. Dove abita la tua famiglia?
13. Hai comprato un cappotto?
14. Di che colore sono i tuoi pantaloni oggi?
15. Conosci bene la città di San Franceso?
16. Da quanto tempo escono assieme?
17. Ci sono dei luoghi interessanti a Perugia?
18. Hai visto la mia borsa?
19. Dove ha messo la sua giacca Claudia?
20. Che cosa volete comprare oggi?
21. Mario ed Elena, sapete bene la lezione?
22. Esco pazza.........(complete the sentence)
23. Gli uomini (men) non capiscono le donne?
24. Translate into Italian: There's a lot of noise here.
25. Che colore preferisci?

SECTION XII <u>LEARNING ACTIVITIES</u>

1. Fill in the blanks with the proper form of <u>sapere</u> or <u>conoscere</u>.

a. Mario non ________ parlare italiano.
b. Ieri abbiamo ________ un professore di spagnolo.
c. Io _____ bene la città di Napoli.
d. Claudia, ________ dov'è la mia giacca?
e. Voglio ______ dove abita Gina.
f. Ieri non ho ______ la mia lezione di francese.

2. Look at what you are wearing and describe each item aloud using the possessive adjective 'my'. Then write the same description. EX: "My blouse is red and white, my skirt is black and my jacket and shoes are grey".

LEARNING ACTIVITIES (continued)

3. Imagine you are "Zia Grazia". How would you describe Marco to Elena's mother? Use some of the information about him from the previous Unit and give her some knowledge of his background, education, where he lives, etc. Add 2 or 3 items of your own.

4. Fill in the blanks with a logical article of clothing:
   a. Per andare alla spiaggia,si mette un______.
   b. Si mette____in testa.
   c. Per camminareho bisogno di_______.
   d. Marco è molto elegante si mette una giacca, una camicia e _______.
   e. Le mani (hands) di Claudia, sono fredde, allora si mette_______.

5. Fill in the blanks with a logical color:
   a. La bandiera americana è ________.
   b. La bandiera italiana è _________.
   c. Il sole è ______.
   d. Le arancie sono_____.
   e. Il mare è _____.

UNIT III, PART 2
1
A
B
C
?
2.
A
B
C
3
A
B
C
4
A
B
C
5
A
B
C

UNIT IV

OVERVIEW OF THE UNIT

In this Unit we will thoroughly cover a new tense; the future. We will also learn the irregular verb DIRE and be introduced to a great deal of new vocabulary, specifically that of games, fruits and vegetables.

GRAMMAR POINTS PRESENTED

1. The use of the verb giocare (in supplement)
2. The present and present perfect tenses of the verb dire.
3. The future tense of -are, ere, and ire verbs.
4. Verbs that are irregular in the future.

SECTION I PRONUNCIATION DRILL

Let us practice two of the sounds of 'g' in Italian. First the hard 'g' sound which is that of go in English. It is written 'g' in Italian when it comes before the letters a, o, and u. It is written 'gh' in Italian when it comes before the letters e and i. Some examples from our Unit are:

fragole funghi

Now the soft 'g' sound, much like that of the English word gentle. It is written 'g' and comes before the letters e and i. Some examples from our Unit are:

oggi Gianni
giovani pomeriggio

Now listen and repeat:

fragole giovani
funghi Gianni
oggi pomeriggio
gennaio

PRONUNCIATION DRILL (continued)

Repeat the following sentences:

Leggono il giornale oggi.
Gianni mangia delle fragole.
Non è una gita lunga.

SECTION II BASIC SENTENCES

PART I UN PICNIC IN CAMPAGNA	A PICNIC TO THE COUNTRY
I giovanni usciranno in comitiva**oggi.	The young people will go out together (in a group) today.
Faranno un picnic in campagna.	They'll have (make) a picni in the country.
Chercheranno un buon posto.	They'll look for a good spo
È un'ottima idea.	It's a great idea.
Claudio chiamerà Carla, Fausto e Gianni.	Claudio will call Carla, Fausto and Gianni.
Maria lo dirà a Patrizia.	Maria will tell (it to) Patrizia.
Non lavora oggi.	She isn't working today.
Si divertiranno molto.	They will have a good time (will amuse themselves)
Claudio ci penserà alla griglia.	Claudio will take care of (think about) the grill.
Farà la sua specialità, spiedini di vitello.	He will make his specialty, barbecued veal rolls.
PART II	
Maria e sua madre prepareranno la lasagna ed una frittata di spinaci.	Maria and her mother will prepare the lasagna and a spinach omelette.
Patrizia porterà l' insalata.	Patrizia will bring the salad.
Fausto comprerà il vino e la Fanta.	Fausto will buy the wine and the Fanta. (orange soda

PART II (continued)

Carla preparerà la crostata di ricotta.	Carla will prepare the ricotta pie.
È'buonissima.	It's so good.
Che delizia!	What a treat.(delight)
Dopo giocheranno a pallavola ed a calcio.*	Afterwords, they'll play volleyball and soccer.
Per terminare raccoglieranno delle fragole.	To end(the day)they will gather(pick)strawberries.
Partiranno verso le undici.	They'll leave at about eleven o'clock.
Così avranno tutto il pomeriggio libero.	That way, they'll have the whole afternoon free.

NOTE: *As baseball is the American national pasttime, soccer is its Italian counterpart. So, instead of picnic softball, you play soccer.

NOTE:** It is still very common for young Italian adults to go out in a group rather than as one couple. Aside from financial restrictions, parents (especially in the smaller cities) are still quite strict and cars are not readily available to everyone.

SECTION III DIALOG

PART I UN PICNIC IN CAMPAGNA	A PICNIC TO THE COUNTRY
CLAUDIO: Usciremo in comitiva oggi?	Shall we go out together (in a group) today?
MARIA: Sì, faremo un picnic in campagna. Cercheremo un buon posto.	Yes, we'll have a picnic in the country. We'll look for a good spot.
CLAUDIO: Ottima idea. Chiamerò Carla, Fausto e Gianni.	Great idea. I'll call Carla, Fausto and Gianni.
MARIA: Ed io lo dirò a Patrizia. Non lavora oggi.	And I'll tell Patrizia. She's not working today.
CLAUDIO: Ci divertiremo molto. Ci penserò io alla griglia. Farò la mia	We'll really have a good time. I'll take care of the grill. I'll make my

PART I (continued)

specialità, spiedini di vitello.	specialty, barbecued veal rolls.

PART II

MARIA: Mamma ed io prepareremo la lasagna ed una frittata di spinaci. Patrizia porterà l'insalata e Fausto comprerà il vino e la Fanta.	Mom and I will prepare the lasagna and a spinach omelette. Patrizia will bring the salad and Fausto will buy the wine and the Fanta.
CLAUDIO: Carla preparerà la crostata?È buonissima.	Will Carla make ricotta pie? It's so good.
MARIA: Sì, che delizia! E dopo giocheremo a pallavolo ed a calcio.	Yes, what a treat. And afterwords we'll play volleyball and soccer.
CLAUDIO: E per terminare raccoglieremo delle fragole.	And to end, we'll gather (pick) strawberries.
MARIA: Va bene. A che ora partiremo?	Okay. What time will we leave?
CLAUDIO: Verso le unidici. Così avremo tutto il pomeriggio libero.	Around eleven. That way we'll have the whole afternoon free.

SECTION IV QUESTIONS

PART I

1. Usciranno oggi i giovani?
2. Che cosa faranno?
3. Che cosa cercheranno?
4. Chi chiamerà Claudio?
5. Chi lo dirà a Patrizia?
6. Patrizia può venire?
7. Si divertiranno?
8. Chi ci penserà alla griglia?
9. Qual'è la sua specialità?

PART II

1. Che cosa preparerà Maria?
2. Chi porterà l'insalata?
3. Preparerà Fausto qualcosa
4. Che c'è per dessert?

QUESTIONS - PART II (continued)

5. Com'è?
6. A che cosa giocheranno?
7. Come termineranno il picnic?
8. Partiranno presto? (early)
9. Avranno tutto il pomeriggio libero?

SECTION V <u>SUPPLEMENT</u>

A. The regular verb giocare plus 'a' (to play) is used with sports and games. Another verb to play, <u>suonare</u>, is used for musical instruments.

EXAMPLES: Gianni <u>gioca</u> a tennis e <u>suona</u> la chitarra.

Giocheranno a pallavolo ed a calcio.	They'll play volleyball and soccer.
Giocheranno a tennis.	They'll play tennis.
Giocheranno a pallacanestro.	They'll play basketball.
So giocare a carte.	I know how to play cards.

B. FRUTTA E VERDURA	FRUITS AND VEGETABLES
Maria comprerà delle fragole.	Maria will buy some strawberries.
Maria comprerà delle arancie.	Maria will buy some oranges.
Maria comprerà delle banane.	Maria will buy some bananas.
Maria comprerà delle ciliegie.	Maria will buy some cherries.
Maria comprerà delle mele.	Maria will buy some apples.
Maria comprerà delle pesche.	Maria will buy some peaches.
Maria comprerà delle pere.	Maria will buy some pears.
Maria comprerà dei limoni.	Maria will buy some lemons.
Maria comprerà dei fichi.	Maria will buy some figs.

C.

Prepareremo gli spinaci.	We'll prepare the spinach.

FRUITS AND VEGETABLES (continued)

Prepareremo i piselli.	We'll prepare the peas.
Prepareremo i fagioli.	We'll prepare the beans.
Prepareremo i fagiolini.	We'll prepare the stringbeans.
Prepareremo i funghi.	We'll prepare the mushrooms.
Prepareremo i broccoli.	We'll prepare the broccoli.
Prepareremo i pomodori.	We'll prepare the tomatoes.
Prepareremo il cavolfiore.	We'll prepare the cauliflower.
Prepareremo le patate.	We'll prepare the potatoes.
Prepareremo le melanzane.	We'll prepare the eggplant.
Prepareremo le cipolle.	We'll prepare the onions.
Prepareremo le carote.	We'll prepare the carrots.
Prepareremo le zucchine.	We'll prepare the squash.

SECTION VI THE IRREGULAR VERB DIRE (TO SAY_

A. Study the forms of the verb dire in the present tense.

*dico	I say
dici	you say
dice	you(formal)say he,she,it says
diciamo	we say
dite	you say (plural)
*dicono	they say

*NOTE: Remember that dico and dicono are the hard 'c' sound while the other forms are the soft 'c' sound.

B. In the present perfect tense dire is conjugated with avere. The past participle is detto. Study the forms of the conversational past.

ho detto	I said
hai detto	you said
ha detto	you(formal)said/he,she,it
abbiamo detto	we said
avete detto	you said
hanno detto	they said

VERB - DIRE (continued)

C. The forms of the verb dire in the future tense will be presented in Section VIII of this Unit.

SECTION VII DRILLS
A.
REPETITION DRILL

Non dico niente.
Non dici niente.
Non dice niente.
Non diciamo niente.
Non dite niente.
Non dicono niente.

SUBSTITUTION DRILLS

B. Elena non dice niente.
Noi________.
La zia_____.
I professori________.
Io__________________.

C. Mario non ha detto la verità. (the truth)
La madre_______.
Voi_______.
Gli amici________.
La famiglia______.

SECTION VIII THE FUTURE TENSE OF -ARE, -ERE, -IRE VERBS

A. Study these examples from our Unit:
Usciranno in comitiva.
Cercheranno un buon posto.
Claudio chiamera Carla.
Patrizia preparerà la crostata di ricotta.
These verbs are examples of the future tense. It is not a difficult tense to form. It is a one word form that you obtain by taking the infinitive of most -are,-ere, -ire verbs and droping the final e. To that you add the future endings which are the same for all three forms. In -are verbs the last a of the infinitive becomes an e (parlerò). Note also verbs ending in -care and -gare add an h before the e of the endings (cercheranno). Verbs ending in -iare,-giare and -sciare,change the ia to an e

before the endings. (mangerò)

B. Study verbs in the future tense.

*CHIAMARE	TO CALL
chiamerò	I will call
chiamerai	you will call
chiamerà	you(formal),he,she, it will call
chiameremo	we will call
chiamerete	you will call
chiameranno	they will call
*VENDERE	TO SELL
venderò	I will sell
venderai	you will sell
venderà	you(formal),he,she, it will sell
venderemo	we will sell
venderete	you will sell
venderanno	they will sell
*FINIRE	TO FINISH
finirò	I will finish
finirai	you will finish
finirà	you(formal),he,she, it will finish
finiremo	we will finish
finirete	you will finish
finiranno	they will finish

Pay special attention when pronouncing the accent mark on the first and third person singular. This stress i most important.

C. SOME USES OF THE FUTURE

1. Basically you use the future in Italian as you shou in English; in anticipation of something that will happen or that someone will do. In English remember th it is a two word tense (I will eat) and a one word ten

FUTURE TENSE C. (continued)

in Italian (Io mangerò).

2. Remember, too, that the present tense is frequently used in Italian instead of the future tense when something will take place almost immediately or in the near future (now, tomorrow).

SECTION IX DRILLS

REPETITION DRILLS

A. Chiamerò domani Chiamerai domani Chiamerà domani Chiameremo domani Chiamerete domani Chiameranno domani	I will call tomorrow. etc...
B. Giocherò a tennis Giocherai a tennis Giocherà a tennis Giocheremo a tennis Giocherete a tennis Giocheranno a tennis	I will play tennis. etc...
C. Raccoglierò la frutta Raccoglierai la frutta Raccoglierà le frutta Raccoglieremo la frutta Raccoglierete la frutta Raccoglieranno le frutta	I will pick the fruit. etc...
D. Partirò verso le due Partirai verso le due Partirà verso le due Partiremo verso le due Partirete verso le due Partiranno verso le due	I will leave about 2;00 etc...

SUBSTITUTION DRILLS

E.

Il nonno ascolterà la musica.

Loro__________.   Le ragazze__________.

Gianni ed io__________.

F. Gli studenti capiranno la lezione.

La studentessa______.   Tu e Mario__________.

Io__________.

G. I genitori prenderanno il caffé.

La ragazza__________.   Io__________.

Voi__________.

H. CUED QUESTION AND ANSWER DRILL - Answer the following questions using the cues provided.

1. Uscirete stasera? (Si, alle nove)
2. A che ora partirà l'aereo? (alle due)
3. Che cosa comprerai? (delle pesche)
4. Preparete qualcosa? (Si, una frittata)
5. Maria guarderà la televisione? (no)
6. Si divertiranno molto gli studenti? (si)
7. Dove faranno una passeggiata? (al centro)
8. Spedirà Marco la lettera? (no)

SECTION X VERBS THAT ARE IRREGULAR IN THE FUTURE TENSE

The following verbs have irregular future stems. Once you learn the stems, form the tense as has been previousl explained.

andare	andr	andrò,etc.
avere	avr	avrò,etc.
bere	berr	berrò, etc.
dare	dar	darò, etc.
dovere	dovr	dovrò, etc.
essere	sar	sarò, etc.
fare	far	farò, etc.
potere	potr	potrò, etc.
sapere	sapr	saprò, etc.

IRREGULAR VERBS (continued)

stare	star	starò, etc.
vedere	vedr	vedrò, etc.
venire	verr	verrò, etc.
volere	vorr	vorrò, etc.

NOTE the double rr in bere, venire, volere.

SECTION XI DRILLS

REPETITION DRILLS

A. avrò tempo — I will have time.
avrai tempo — etc...
avrà tempo
avremo tempo
avrete tempo
avranno tempo

B. sarò lì — I will be there.
sarai lì — etc...
sarà lì
saremo lì
sarete lì
saranno lì

C. farò una specialità — I will make a specialty
farai una specialità — etc...
farà una specialità
faremo una specialità
farete una specialità
faranno una specialità

D. berrò una Fanta — I will drink a Fanta.
berrai una Fanta — etc...
berrà una Fanta
berremo una Fanta
berrete una Fanta
berranno una Fanta

REPETITION DRILLS (continued)

E. andrò in comitiva — I will go in a group.
andrai in comitiva — etc...
andrà in comitiva
andremo in comitiva
andrete in comitiva
andranno in comitiva

SUBSTITUTION DRILLS

F. Mia sorella non verrà alla trattoria.
I giovani____________. Gianna ed io__________.
Tu____________.

G. Marco starà qui.
Le macchine__________. Noi____________.
Il cameriere__________.

H. QUESTION AND ANSWER DRILL - Answer the following questions using the cues provided.

1. Andrai a scuola domani? (sì)
2. Chi starà a casa? (mio padre)
3. A che ora verrete al cinema? (alle nove)
4. Gli studenti sapranno le domande? (no)
5. Avrete lezioni domani? (no,una giornata libera)
6. Che cosa farai per il picnic? (una crostata di ricotta)

SECTION XII REVIEW QUESTIONS

1. Gianni dirà la verità?
2. Dove andranno per le vancanze estive?
3. Che cosa farete?
4. Chi inviterà Maria alla festa?
5. Chi non lavorerà domani?
6. Ti piace la frutta? (Quale?)
7. Preferisci le fragole o le pesche?
8. Che cosa farai alla griglia?
9. La donna ci pensa alla casa?
10. I giovani raccoglieranno i funghi?
11. Dove faremo un picnic oggi?

REVIEW QUESTIONS (continued)

12. Che cosa porterà tua sorella?
13. Avrete tempo per mangiare?
14. Tu vedrai un film divertente?
15. Che cosa berrete?
16. Non mi dire..........(finish the sentence)
17. Che cosa comprerà la signora per la festa?
18. Le studentesse avranno una giornata libera?
19. Mamma, qual'è la tua specialità?
20. Vuoi giocare a tennis?
21. Hai bisogno di frutta e di verdura? (si,comprero...)
22. Sai giocare a carte?
23. Quale frutta preferiscono i bambini?
24. A che ora partirai per la stazione?
25. A che cosa giocherà Bjorn Borg?
26. Gli italiani preferiscono giocare a calcio o a tennis?

SECTION XIII **LEARNING ACTIVITIES**

1. Answer the following questions using the verb in the question in the future tense:

   1. Oggi, Maria fa una frittata e domani?
   2. Oggi, i giovanni giocano a tennis, e domani?
   3. Oggi, Gina non lavora e domani?
   4. Oggi, i ragazzi vanno a scuola, e domani?
   5. Oggi, ha bisogno di frutta, e domani?
   6. Oggi, beve vino e domani?

2. Write a short story about the things you will do tomorrow using as many verbs (both regular and irregular) as you can in the future tense. Remember you are using the "I" form.

3. Match the following colors with an appropriate fruit or vegetable from the list and then write a sentence as per example; remember to make adjustments for gend (masculine and feminine) and number (singular and plural).

   EXAMPLE: Il cavolfiore è bianco.

verde	il limone	1.______________________.
arancio	i pomodori	2.______________________.
bianco	la carota	3.______________________.
rosso	le cipolle	4.______________________.
giallo	i piselli	5.______________________.
marrone	la banana	6.______________________.
	le fragole	7.______________________.
	i fagiolini	8.______________________.
	le patate	9.______________________.
	i funghi	10.______________________.

UNIT IV, PART 2
1
2
3
4
5
A
B
C
RISTORANTE

UNIT V

OVERVIEW OF THE UNIT

In this unit the irregular verb dare will be introduced. Also, direct object pronouns will be explaine and several of them will be presented. A great deal of new vocabulary dealing with cashing and changing money, and making telephone calls will be introduced.

GRAMMAR POINTS PRESENTED

1. The verb dare in the present and present perfect tense.

2. Direct Object Pronouns
   a) Second person formal you - masculine and feminine singular and plural.
   b) Third person - masculine and feminine singular and plural.
   c) Agreement with a preceding direct object pronoun.

SECTION Ia PRONUNCIATION DRILL

Let us review the 'p' sound in Italian. Although it is pronounced very much like it's American counterpart, what it does not have is the accompanying puff of air of the American English 'p'. Put your palm up in front of your mouth and say "puff pastry". Feel the puff of air? This should be missing when you use 'p' in Italian.

Please listen to these words taken from Unit V.

parla	risponde	prego	prefisso	colpo
compra	porta	prima	poi	possible
passaporto	a posto	pensa	perchè	prova
		semplice		

Now, listen and repeat. Here are some other 'p' words. Please listen:

sapere	presentare
posso	parole
cappuccino	sempre
popolare	progresso

NOW LISTEN AND REPEAT

Please listen to the following sentences:

La signorina presenta il passaporto.
Ho comprato un cappotto.
Mi piace molto Parigi.
Prendiamo un aperitivo qui?
Qual'è il prefisso di Patrizia?

NOW LISTEN AND REPEAT

SECTION I BASIC SENTENCES

UNA SIGNORINA VIAGGIA IN ITALIA	A YOUNG WOMAN IS TRAVELING IN ITALY
Entra nella banca.	She enters a bank.
Vuole cambiare degli assegni turistici.	She wants to cash some travelers' checks.
Parla con la cassiera.	She speaks with the teller.
Va allo sportello di cambio.	She goes to the change (exchange) window.
Il cambio è otto cento cinquanta due lire per dollaro americano.	The rate (of exchange) is 852 lira per American dollar.
Ha cinque assegni di venti dollari ciascuno.	She has 5 checks of $20 each.
Ha il passaporto. Eccolo.	She has her passport. Here it is.
Ora li firma.	Now she signs them. (the checks)
È tutto a posto.	Everything is in order.
Ecco la ricevuta.	Here's the receipt.

BASIC SENTENCES (continued)

La porta alla cassa per ricevere i suoi soldi.	She brings it to the cashier to receive her money.
Ora la vede.	Now she sees it.

SECTION II DIALOG

A. Una signorina americana che viaggia in Italia entra nel Banco di Roma. Vuole cambiare degli assegni turistici. Parla con la cassiera allo sportello di cambio.	An American young woman who is traveling in Italy enters the "Banco di Roma". She wants to cash some travelers' checks. She speaks with the teller at the change(exchange) window.
LA SIGNORINA: Buon Giorno. Vorrei cambiare degli assegni turistici. Qual'è il cambio oggi per dollaro americano?	Hello. I'd like to cash some travelers' checks. What is the rate of exchange today per American dollar?
LA CASSIERA: Sì, signorina. Il cambio è otto cento cinquanta due lire per dollaro.	Yes, miss. The rate is 852 lira per dollar.
LA SIGNORINA: Va bene. Ho cinque assegni di venti dollari ciascuno.	Fine. I have 5 checks of $20 each.
LA CASSIERA: Mi dà il passaporto per piacere?	(Can you) give me your passport please?
LA SIGNORINA: Eccolo. Li firmo adesso?	Here it is. Do I sign them (the checks) now?
LA CASSIERA: Sì, signorina. Allora, è tutto a posto. Ecco la ricevuta. La porti alla cassa per ricevere i suoi soldi.	Yes, miss. So, everything is in order. Here's the receipt. You bring it to the cashier (cash window) to receive your money.
LA SIGNORINA: La cassa? Ora, la vedo. Grazie e arriverderla.	The cashier? Now, I see it. Thank you and goodbye.

LA CASSIERA: Prego, arriverderla signorina.

You're welcome. Goodbye miss.

B. NARRATIVE

Più tardi questa signorina vuole fare una telefonata. È la prima volta che fa una telefonata. Pensa che sia semplice.

Later, this young woman wants to make a phone call. It's the first time that she's making a call (in Italy). She thinks that it will be easy(simple).

Chiama un cugino che abita a Bari. Lo chiama adesso. Ora ha bisogno di cercare il suo prefisso. Non lo sa. Va al bar e cerca nell'elenco telefonico. Finalmente, lo trova. Poi, compra dei gettoni telefonici perchè non è possible usare spiccioli nei telefoni italiani.

She's calling a cousin who lives in Bari. She calls him now. Now she needs to look for his area code. She doesn't know it. She goes to the bar and looks in the telephone directory. Finally, she finds it. Then she buys telephone tokens because it's not possible to use change in italian telephones.

Entra nella cabina telefonica. Mette un gettone. Fà il numero. Non succede niente. Aspetta la telefonista. Nessuno risponde. Mette un altro gettone. Succede la stessa cosa. E adesso, prova di nuovo. Ora è arrabbiata. Guarda il telefono, lo scuote, gli dà un colpo, però non serve a nulla. Torna demoralizzata all'albergo. Forse, il direttore l'aiuterà!

She enters the telephone booth. She puts in a token. She dials the number.Nothing happens. She waits for the operator. No one answers. She puts in another token. The same thing happens. Now, she tries again. Now, she's angry. She looks at the telephone. She shakes it, she gives it a blow,(she hits it), but it doesn't help. She returns crestfallen (demoralized) to the hotel. Maybe the manager will help her!

SECTION III QUESTIONS

A.
1. Dove entra la signorina?
2. Come si chiama la banca?
3. Che cosa vuole fare?
4. Dove va?
5. Con chi parla?
6. Qual'è il cambio?
7. Quanti soldi vuole cambiare
8. Che cosa dà la signorina alla cassiera?
9. Li firma adesso? (gli assegn
10. Dove porta la ricevuta la signorina?
11. Vede la cassa?

B.
1. Che cosa vuole fare più tardi?
2. Ha fatto molte telefonate?
3. Che cosa pensa?
4. Chi chiama?
5. Lo chiama domani?
6. Di che cosa ha bisogno?
7. Perchè?
8. Dove lo cerca?
9. Lo trova?
10. Che cosa compra?
11. È possible usare spiccioli?
12. Dove entra?
13. Che cosa fà?
14. Che succede?
15. Chi aspetta la signorina?
16. Risponde?
17. Allora, che cosa fà?
18. E contenta?
19. Che cosa fà al telefono?
20. Come torna all'albergo la signorina?
21. Chi l'aiuterà?

SECTION IV SUPPLEMENT

A.	Sono arrabbiata	I'm angry.
	Sono demoralizzata.	I'm dejected.
	Sono contenta.	I'm happy.
	Sono triste.	I'm sad.

SUPPLEMENT (continued)

Sono furiosa.	I'm furious.
Sono preoccupata	I'm preoccupied.
Sono annoiata.	I'm annoyed.

B. Ecco un biglietto da mille lire.	Here's a $1,000 lira bill.
Ecco un biglietto da cinque mila lire.	Here's a $5,000 lira bill.

C. Costa poco.	It doesn't cost much.
È caro.	It's expensive.
È a buon mercato.	It's a bargain (cheap).

SECTION V THE IRREGULAR VERB DARE - Here are the present tense forms of the verb dare - to give.

do - I give	diamo - we give
dai- you give	date - you give
*dà - he,she,it gives you(formal) give	danno - they give

The past participle is dato: Ho dato il libro a Carla.
I gave the book to Carla.
Dare is conjugated with avere in the past tense.

*Note the accent mark on the third person singular of the present.

SECTION VI REPETITION DRILL

A. Do gli spiccioli.
Dai gli spiccioli.
Dà gli spiccioli.
Diamo gli spiccioli.
Date gli spiccioli.
Danno gli spiccioli.

B. Ho dato il prefisso a Gianni.
Hai dato " " " ".
Ha dato " " " ".
Abbiamo dato " " ".
Avete dato " " ".
Hanno dato " " ".

SUBSTITUTION DRILLS

C. La signorina dà il gettone al direttore.
Loro ______________________.
Tu ______________________.

D. Elena ha dato gli assegni alla cassiera.
Marco ed io ______________.
Tu ______________________.
I viaggiatori ______________.

SECTION VII <u>DIRECT OBJECT PRONOUNS</u>

A. La porta alla cassa.
Ecco lo !
Li firma.
Non lo sa.
Il direttore l'aiuterà.

These are all examples of direct object pronouns taken from our unit. Remember that a direct object receives its action directly from the verb (He brings...it; she signs...them), and that it replaces a previously stated noun direct object.

The direct object pronouns we are working with in this unit are the 3rd person singular and plural, masculine and feminine forms, and the 2nd person formal you forms.

LO - masculine singular
him, it
LA - feminine singular
her, it
*(you-formal)

LI - masculine plural
them, you
LE - feminine plural
them, you

*NOTE that LA is also the singular <u>formal you</u> both masculine and feminine. LI and LE are masculine and feminine <u>formal you</u> plurals.

You will notice, if you look at the examples, that direct object pronouns normally <u>precede</u> the verb. If they are used with infinitives they normally follow the infinitive and are attached to the infinitive; the final e is dropped

EXAMPLE: Piacere di conoscerla

In sentence #5 Il direttore l'aiutera notice the l' (l apostrophe). LO and LA normally drop the final vowel before a verb that begins with a vowel sound.

B. When a preceding direct object pronoun is used with the present perfect tense of avere verbs, you may have an agreement of the past participle. In the feminine singular, change your past participle ending letter to a; in the feminine plural to e; and in the masculine plural to i.

EXAMPLES

La spesa?	L'ho fatta.
Le spese?	Le ho fatte.
I pasti?	Li ho fatti.

SECTION VIIIREPETITION DRILLS

A. Gianni? Lo chiamo adesso.
Maria? La chiamo adesso.
I giovani? Li chiamo adesso.
Le ragazze? Le chiamo adesso.

B. Gianni? L'ho chiamato.
Maria? L'ho chiamata.
I giovani? Li ho chiamati.
Le ragazze? Le ho chiamate.

C. Il libro? Lo capiamo bene.
La lezione? La capiamo bene.
I libri? Li capiamo bene.
Le lezioni? Le capiamo bene.

D. Il libro? L'abbiamo capito bene.
La lezione? L'abbiamo capita bene.
I libri? Li abbiamo capiti bene.
Le lezioni? Le abbiamo capite bene.

E. SUBSTITUTION DRILL - substitute with the proper direct object pronoun. EXAMPLE: Leggo il libro - lo leggo.

Ascolto la radio. ________________.
Non capisco le lezioni. ________________.
Compro i gettoni. ________________.
Non vedo il direttore. ________________.

F. SUBSTITUTION DRILL - substitute with the proper direct object pronoun. EXAMPLE: Ho trovato la borsa - L'ho trovata.

Ho ascoltato la radio. ________________.
Non ho capito le lezioni. ________________.
Ho comprato i gettoni. ________________.
Non ho visto il direttore. ________________.

G. SUBSTITUTION DRILL - EXAMPLE: Gli spiccioli? Eccoli.

Il signore? ________________.
Le guide? ________________.
La cabina? ________________.

H. QUESTION AND ANSWER DRILL: Answer the following questions replacing the noun with a direct object pronoun Remember that you may have agreement. EXAMPLE: Avete cercato il prefisso? Sì, l'abbiamo cercato.

1. E la guida? ________________.
2. E il numero? ________________.
3. E gli assegni? ________________.
4. E gli spiccioli? ________________.

I. CUED QUESTION AND ANSWER DRILL: Answer the following in the present or past as the case may be, using direct object pronouns.

1. Hanno letto i romanzi?
2. Avete terminato la lezione?
3. La signorina vede la cassa?
4. Il direttore aiuta la commessa?
5. Hai messo i funghi sulla tavola?
6. Hanno guardato la T.V.?

SECTION IX REVIEW QUESTIONS (Not recorded)

1. Dove viaggia la signorina?
2. Hai fatto il numero di Claudia?
3. Avete spiccioli?
4. Hai bisogno di cambiare degli assegni?
5. Qual'è il cambio per dollaro americano?
6. Sei annoiato(a)? Perchè?
7. C'è una telefonista nel bar?
8. Il direttore aiuterà la ragazza?
9. Farai una telefonata?
10. Sai il tuo prefisso? Qual'è?
11. Qual'è il prefisso di New York City?
12. Perchè è triste la signorina americana?
13. Dove si trova un telefono?
14. Compri i gettoni?
15. Dove lavora una cassiera?
16. Di che cosa hanno bisogno i turisti?
17. Avete trovato "L'albergo Sienese"?
18. Quanto costa una chiamata?
19. Che cosa succede col (con il) telefono?
20. Che cosa vuoi fare nella banca?
21. Fai il numero?

SECTION X LEARNING ACTIVITIES

1. Explain in Italian how you make a long distance phone call in the U.S. in a telephone booth. (For example: do you need tokens, is there an operator, do you need the area code, etc.).

2. Take five of the feelings from the Supplement and writ a sentence as per example:

Sono contenta perchè faremo un picnic domenica.

1.____________________perchè____________________.
2.____________________perchè____________________.
3.____________________perchè____________________.
4.____________________perchè____________________.
5.____________________perchè____________________.

3. Answer the following questions using a Direct Object pronoun in your answer in place of the underlined word

1. Vedi la tavola?
2. Hai comprato il libro?
3. Non trovate le borse?
4. Dove sono gli spiccioli? (use ecco)

UNIT V, PART 2
1
2
3
4
5
A
B
C
L875=
L857
L855=
ONE
BIGLIETTO

Antonelli
BAR

UNIT VI

OVERVIEW OF THE UNIT

In this unit we will continue Direct Object Pronouns and present Indirect Object Pronouns for the first time. They will be used in both the present and past tense. As in Unit V, a great deal of new and useful vocabulary will be presented, including the verb piacere.

GRAMMAR POINTS PRESENTED

1. The indefinite adjectives <u>qualche</u> and <u>ogni</u>.

2. Indirect Object Pronouns - third person singular and plural.

3. Direct Object/Indirect Object Pronouns - (first and second person, singular and plural).

4. Agreement of Past Participle with Direct Object Pronouns.
5. The verb piacere.

SECTION Ia <u>PRONUNCIATION DRILL</u>

Let's practice the sounds of the single and double R in Italian. Remember that the Italian 'r' is not like the American 'r'. In fact, it has a sound much like the double 't's' in certain words. Say the word <u>butter</u> quickly several times - butter, butter, butter; this is very similar to the roll or trill of the Italian 'r'. A word spelled with a single 'r' has a single roll or trill. A word spelled with two'r's' has a multiple roll or trill.

When you say butter, the tip of the tongue flaps against the gum ridge behind the upper front teeth. More than one flap produces the double 'r' sound. Please listen to these singular 'r' sounds:

ragazza   rumore   Rimini   grazie   prego   ringraziare

Now, listen and repeat.

Please listen to these double 'r' sounds:

burro   arriverderci   terremoto   birra   arrabiata

arrivo

Now, listen and repeat...

Please listen to the following sentences:

Maria ritorna a Rimini in primavera.
Il terremoto era terrible.
La borsa marrone è brutta.
Arriverderla, signorina.

Now, listen and repeat...

SECTION I BASIC SENTENCES

PART I

Ha appena ricevuto la sua lettera.	She just received her letter
È molto contenta che sia arrivata senza difficoltà.	She's very happy that she arrived without a problem.
Anche lei le manda cari saluti.	She also sends warm regards to her.
Le scriverà presto una lunga lettera.	She'll write her a long letter soon.

Le ha spedito un bel regalo per il suo compleanno.	She sent her a nice present for her birthday.
Deve ringraziarla.	She has to thank her.
Tutti stanno bene.	Everyone is fine.
Gianni e Mario le mandano cari abbracci.	Gianni and Mario send her warm hugs.
Le hanno detto che Elena ha promesso loro una sorpresa.	They told her that Elena promised them a surprise.
L'aspettano con pazienza.	They're waiting patiently for it.

PART II

Ha fatto la conoscenza di un bravo giovanotto italiano.	She met a nice young Italian man.
È venuta in America per esercitarsi in inglese.	She came to America to practice her English.
Ha visto Patrizia e Claudia.	She saw Patricia and Claudia.
Le hanno scritto qualche giorno fa.	They wrote her some days ago.
Aspettano tutte le novità dagli Stati Uniti.	They're waiting for all the latest news from the U.S.
Anche lei deve scappare.	She also has to run.
Prepara la merenda per i suoi fratellini.	She's making a snack for her brothers.

SECTION II <u>NARRATIVE</u>

PART I

Carissima Elena:	Dearest Elena:
Ho appena ricevuto la tua lettera. Sono molto contenta che (tu) sia arrivata senza difficoltà. Dì a zia Grazia che anch'io le mando cari saluti. Le scriverò presto una lunga lettera. Mi ha spedito un	I've just received your letter. I'm very happy that you arrived without difficulty. Tell Aunt Grace that I also send her warm regards. I'll write her a long letter soon. She sent me a

bel regalo per il mio compleanno. Devo ringraziarla.

a nice gift for my birthday. I have to thank her.

Qui tutti stanno bene. Gianni e Mario ti mandano cari abbracci. Mi hanno detto che tu hai promesso loro una sorpresa dall'America. L'aspettano con pazienza.

Everyone is fine here Gianni and Mario send you warm hugs. They told me that you promised them a surprise from America. They' waiting patiently for it.

PART II

Allora, hai fatto la conoscenza di un bravo giovanotto italiano. Benissimo! Ma figlia mia, tu sei venuta in America per esercitarti nell'inglese. Parlagli in inglese per piacere.

So, you met a nice young Italian man. Wonderful But, (my)daughter, you came to America to practice your English. Speak to him in English please!

Ieri ho visto Patrizia e Claudia. Ti hanno scritto qualche giorno fa. Aspettano tutte le novità dagli Stati Uniti. Scrivi loro presto.

Yesterday I saw Patricia and Claudia. They wrote you a few days ago. They're waiting for all the latest news from the U.S. Write them soon.

Ora, anch'io devo scappare. Preparo la merenda per i tuoi fratellini.

Now, I too, have to run. I'm making a snack for your little brothers.

Con tanto affetto,

la tua Mamma

With much affection,

your Mom

SECTION III QUESTIONS

PART I

1. Quando ha ricevuto la mamma la sua lettera?
2. È contenta?
3. Perchè?
4. Che cosa dice a zia Grazia?
5. Le scriverà?
6. Perchè deve ringraziarla?
7. Come stà la famiglia?
8. Che cosa le mandano i suoi fratellini?
9. Che cosa hanno detto alla mamma?
10. L'aspettano?

PART II

1. Di chi ha fatto la conoscenza Elena?
2. Perchè è venuta in America?
3. Allora, che cosa deve fare?
4. Chi ha visto ieri la mamma d'Elena?
5. Quando le hanno scritto?
6. Che cosa aspettano?
7. Elena deve scrivere loro presto?
8. Perchè deve scappare la mamma?

SECTION IV SUPPLEMENT

A. Che cosa c'è per merenda? What's for snack?

C'è pane e nutella.	There's bread and Nutella*
C'è una focaccia.	There's focaccia**
C'è pane e formaggio.	There's bread and cheese.

* Nutella is the brand name of a very popular chocolate nut spread.

** focaccia is very much like the typical Sicilian pizza.

B. Le hanno scritto qualche giorno fa.	They wrote to her some (a few) days ago.
Va ogni giorno al mercato.	She goes to the market every day.
Ha mangiato qualche pesca.	She ate a few peaches.
Vanno a ogni casa.	They're going to every house.
QUALCHE (some)	OGNI (each, every)

NOTE that qualche and ogni are indefinite adjectives. They are invariable; i.e.: they do not change and are used with a singular noun.

C. Caro Gianni........	Dear Gianni...........
Carissima Elena......	Dearest Elena.........
Cari saluti Con tanto affetto Abbracci a tutti La tua, Elena	Warm regards with much affection hugs to all your Elena

SECTION V <u>INDIRECT</u> <u>OBJECT</u> <u>PRONOUNS</u> - Third person singular and plural and second person formal

A. EXAMPLE:

<u>Le</u> manda cari saluti - she sends warm regards to her

Indirect Object Pronouns (continued)

EXAMPLE: Gli parla adesso - she speaks to him now
EXAMPLE: Ha promesso loro una sorpresa - She promised them a surprise.

These are all examples of indirect object pronouns in Italian. They usually replace a noun indirect object that has already been used in conversation or writing. An indirect object is normally preceded by the prepositions a (to) or per (for) and so is easily recognizeable. In an indirect object sentence you usually indicate that something is being done to or for someone. Following are the third person singular and plural pronouns and the formal you forms:

gli -	to him,for him	*gli -	to them,for them to you, for you (formal
le -	to her,for her to you,for you (formal)	**loro -	to them,for them to you,for you (formal lang.)

*The most common plural 'you' form in present day spoken Italian in the vi or informal form which we will learn more about in Section VII. However, you should be acquainted with 'gli' and 'loro' as you plural formal forms. ** Loro always follows the verb (look at examples) and doesn't attach to an infinitive.

B. As with direct object pronouns, the indirect object pronouns normally precede the verb. They usually follow and are attached to an infinitive. However, there is NO AGREEMENT with a preceding indirect object as we had with a preceding direct object pronoun. Many verbs use indirect object pronouns to show to whom or for whom something is being done:

mandare (to send)	dare (to give)
spedire (to send)	dire (to say,to tell)
spiegare (to explain)	scrivere (to write)
telefonare (to telephone)	There are others...

C. In the letter, you have seen commands with object pronouns. Those in the letter follow the command and are normally attached to it - loro however, is not attached to the command form.

EXAMPLE: Parlagli............!
Scrivi loro.........!

SECTION VI REPETITION DRILL

A. Gianni?	Gli parlo adesso.
Maria?	Le parlo adesso.
Mario e Claudio?	Parlo loro adesso.
B. Il fratellino?	Gli ha dato una sorpresa.
La sorella?	Le ha dato una sorpresa.
I fratellini?	Ha dato loro una sorpresa.
Le sorelle?	Ha dato loro una sorpresa.

SUBSTITUTION DRILL

C. Replace the noun with the proper indirect object pronoun

Parlo a Gianni________________________.
Scrivo a Claudio ed a Gianna____________.
Spiego la lezione a Marco______________.
Telefono alle ragazze__________________.

D. Replace the noun with the proper indirect object pronoun

Ho parlato a Gianni____________________.
Ho spiegato la lezione a Marco__________.
Ho telefonato alle ragazze______________.

E. QUESTION AND ANSWER DRILL - Answer the following questions according to the cues given using an indirect object pronoun:

1. Luigi non parla a Maria? (No)
2. Hai spedito un regalo alla zia? (sì)
3. Prepari la merenda per i ragazzi? (sì)

4. Hai dato un gettone a Marco? (sì)

SECTION VII <u>FIRST AND SECOND PERSON DIRECT AND INDIRECT OBJECT PRONOUNS, SINGULAR AND PLURAL</u>

A. Study the following examples:

Gianni <u>mi</u> vede	Gianni sees me
Gianni <u>mi</u> parla	Gianni speaks to me
Gianni <u>ti</u> vede	Gianni sees you
Gianni <u>ti</u> parla	Gianni speaks to you
Gianni <u>ci</u> vede	Gianni sees us
Gianni <u>ci</u> parla	Gianni speaks to us
Gianni <u>vi</u> vede	Gianni sees you
Gianni <u>vi</u> parla	Gianni speaks to you

B. These are the first and second person, singular and plural, direct and indirect object pronouns. Happily, they are the same:

mi - me, to me, for me	ci - us, to us, for us
ti - you, to you, for you	vi - you, to you, for you (familiar and most common conversation form)

C. They generally follow the same rules as those learned earlier. Remember that for the <u>direct object</u> pronouns, there is an agreement with the past participle:

Maria <u>mi</u> ha vist<u>a</u> (referring to a woman)

Also: <u>mi</u>, <u>ti</u> and <u>vi</u> normally drop the <u>i</u> before a verb that begins with a vowel sound. <u>Ci</u> however, may drop the vowel <u>i</u> only before a verb that begins with an <u>i</u>.

T'apro la porta.

C'invita domani, but:
Ci aiuta.

SECTION VIII <u>DRILLS</u>

REPETITION DRILLS

Paolo mi chiama	Paolo mi ha chiamato/chiamata
ti	ti
la (formal you)	l'ha (formal you)
ci	ci ha chiamati /chiamate
vi	vi ha

REPETITION DRILLS - indirect object pronouns

Paolo mi spedisce un regalo. Paolo mi ha spedito un regalo

ti	ti
le	le
ci	ci
vi	vi

SUBSTITUTION DRILL - substitute an indirect object pronoun for the underlined words at the end of the sentence

EXAMPLE: Gianni manda saluti a me = Mi manda saluti.

Gianni manda saluti a voi.
Gianni manda saluti a lei
Gianni manda saluti a noi
Gianni manda saluti a te

QUESTION AND ANSWER DRILL - Answer the following affirmatively with direct object pronouns.

1. Gianni ti vede? ______________.
2. Gianni vi vede?______________.
3. Gianni La vede? (formal You)______________.

MIXED QUESTION AND ANSWER DRILL - Answer the following affirmatively with a direct or indirect object pronoun.

1. Maria, Gianni ti ha parlato? __________________.
2. Ragazzi, Gianni vi ha visti? __________________.
3. Signore, la professoressa le ha telefonato? _______.

CUED QUESTION AND ANSWER DRILL - REVIEW

Answer the following questions according to the cues given, using any of the direct or indirect object pronouns studied in Units V and VI.

1. Che cosa ti ha spedito Paolo? (lettera)
2. Le mandi cari saluti ad Elena? (sì)
3. Tu capisci bene la lezione? (no)
4. Compri le scarpe? (no)
5. Gianni vi ha invitati al teatro? (sì)
6. Il ragazzo guarda le ragazze? (sì)
7. Claudio da le sigarette a Mario? (no, la frutta)

SECTION IX THE VERB PIACERE

A. This very useful verb is used in Italian to express the verb "to like" or literally "to be pleasing to" in English. However what is the object in English becomes the subject in Italian. In English you say "I like wine" or "I like flowers." In Italian you say literally "(the) wine is pleasing to me" (Mi piace il vino) or "(the) flowers are pleasing to me" (Mi piacciono i fiori). You will notice that the verb forms are different (piace, piacciono). That is because the verb form must agree with the subject; if the subject is singular piacere must be in the singular; if the subject is plural piacere must be in the plural. (Remember to do this from the literal translation)

B. As we said, the subject in English becomes the object in Italian, the indirect object to be exact; therefore, the indirect object pronouns learned in this Unit are used with piacere; Gli piace la pizza - He likes pizza (pizza is pleasing to him). When the indirect object is a noun the preposition "a" is used; A Mario piace cantare- Mario likes to sing.

C. Although you may conjugate piacere in the present (all forms) it is normally used in the third person singular and plural. However, if piacere is followed by an infinitive the singular form is always used.

SECTION X REPETITION DRILLS

A. Mi piace la sorpresa
Ti
Gli
Le
Ci
Vi
Piace loro

B. Mi piacciono i fiori
Ti
Gli
Le
Ci
Vi
Piacciono loro

C.
Mi piace ascoltare le novità.
Ti
Gli
Le
Vi piace ascoltare le novità.
Piace loro ascoltare le novità.

D. Substitution Drill - change the verb from piace to piacciono according to the cue given.

EXAMPLE: Mi piace la frutta (gli italiani)
Mi piacciono gli italiani.

1. il regalo
2. la merenda
3. i suoi fratellini
4. le fragole

E. Substitution Drill - using the cue in parenthesis re place with the proper indirect object pronoun.

EXAMPLE: Piace la frutta (a me)
Mi piace la frutta.

(a te) (a loro)
(a noi) (a lei)
(a lui) (a voi)

F. Cued Question and Answer Drill-Answer the following according to the cues given.

1. Vi piace la lezione d'italiano? (sì, molto)
2. Ci piace la cucina cinese? (no, affatto)
3. Le piace sciare? (sì, a Cortina D'Ampezzo)
4. Ti piacciono le scarpe di Maria? (sì, moltissimo)
5. Piace loro giocare a calcio? (sì, in autunno)

SECTION XI <u>REVIEW QUESTIONS</u>

1. Dove vai ogni giorno?
2. Che cosa ti mandano i tuoi fratellini?
3. Scrivi una lettera a Gianni? (Ans. with an indirect object pronoun)
4. Ti piacciono i dolci?
5. Vi piace la lezione?
6. Hai promesso loro un regalo?
7. Hai pazienza con i ragazzi?
8. Claudia deve scappare? Perché?
9. Perché sei venuta in America?
10. Che cosa mandi a Carla? (ans. with an object pronour
11. A Mario piacciono i fiori?
12. Ti hanno detto le novità?
13. Il ragazzo guarda i bambini? (Ans. with a direct ob ject pronoun)
14. Che cosa vi ha spedito Paolo?

15. Ti piace mangiare la cucina cinese?
16. Carla manda saluti a voi?
17. Parli ai bambini adesso? (Ans. with an indirect object pronoun)
18. Carlo, Maria ti ha parlato?
19. Mario ha visto i libri? (Ans. with a direct obj.pronoun)
20. Dove siete andati qualche giorno fa?
21. Devi esercitarti nell'italiano?
22. Che cosa c'è per merenda?

SECTION XII <u>LEARNING ACTIVITIES</u>

1.Write a letter to a friend, a son or daughter, etc. along the lines of the letter in Unit VI. Make it about 10 lines and be careful to include several sentences using object pronouns, both direct and indirect. Use an appropriate greeting and closing.

2. Match the verbs in Colum A with the nouns in Column B

A	B
ringraziare	America
preparare	volo
atterrare	focaccia
esercitarsi	nell'italiano
nascere	regalo

3. Then take each verb and noun pair from #2 and expand it to a logical sentence.

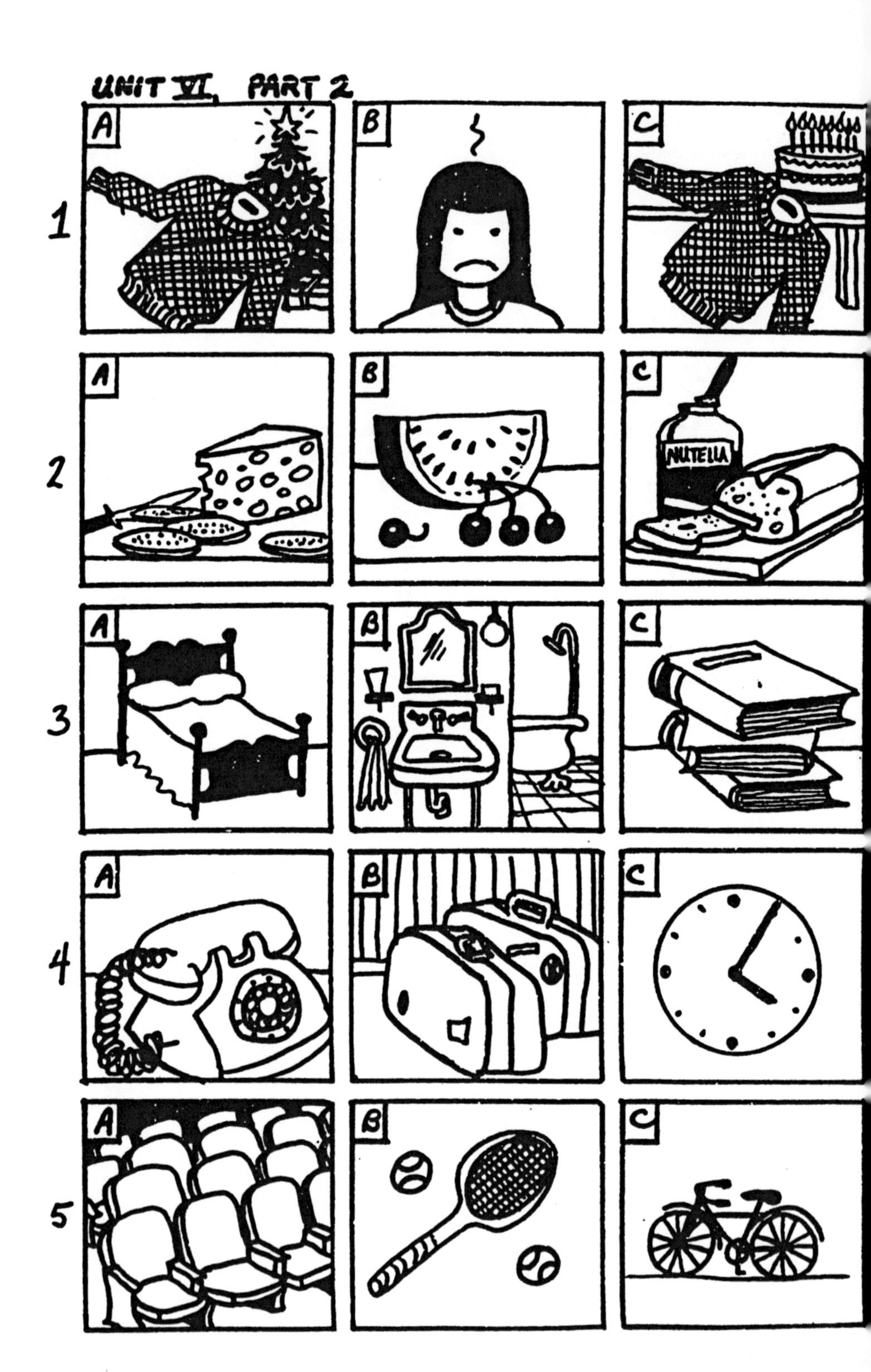
UNIT VI, PART 2
1
A
B
C
2
A
B
C
NUTELLA
3
A
B
C
4
A
B
C
5
A
B
C

UNIT VII

OVERVIEW OF THE UNIT

In this unit we will work in depth with reflexive verbs. Although we have used them at times in past units, now they will be thoroughly explained in both the present and present perfect tenses. Some vocabulary related to morning activities will also be presented.

GRAMMAR POINTS PRESENTED

1. Present tense of reflexive verbs: -are, -ere, -ire

2. Present perfect tense of reflexive verbs.

SECTION Ia PRONUNCIATION DRILL

Let us review the gli sound in Italian. Remember that this is a sound that has no true counterpart in American English pronunciation, however, it is quite similar to the lli sound of the word million. It is spelled gli before the letters a,e,i,u and also gl before i. In pronouncing it try always to ignore what it looks like - that is ignore the letter 'g' sound and think instead of a soft 'l' sound followed by ye or l'ye.

Now, please listen to the following:

gli	biglietto
degli	meglio
luglio	voglio

Now, listen and repeat:

gli degli luglio biglietto meglio voglio

Please listen to the following sentences:

Agli studenti piacciono gli spinaci.
La figlia ha comprato un biglietto.
In luglio gli zii vanno agli stadi.

Now listen and repeat.

SECTION I BASIC SENTENCES

PART I LA GIORNATA DI SERGIO

Si chiama Sergio Paolini.	His name is Sergio Paolini.
È studente di ingegneria.	He's an engineering student.
Ha quasi terminato la laurea.*	He has almost finished his laurea (university degree)
La sua giornata comincia alle sette.	His day begins at 7:00.
Ogni mattina la sveglia suona.	Every morning the alarm clock rings.
Si sveglia contro voglia.	He wakes up (wakes himself up) against his will.
Non si alza.	He doesn't get up.
Invece si riposa sempre qualche minuto di più.	Instead he always rests a few minutes more.
Si alza lentamente dal letto.	He gets up slowly from the bed.

*A laurea is a university degree generally equivalent to the American Masters Degree.

PART II

Va nel bagno.	He goes into the bathroom.
Si prepara per un'altra giornata all'università.	He gets ready(prepares himself)for another day at the university.
Si lava e si fa la barba.	He washes(himself)and he shaves (himself)
Torna in camera.	He returns to his bedroom.
Si veste e si pettina.	He gets dresses(dresses him self) and combs his hair.
Fa una colazione di caffè-latte e biscotti.	

PART II (continued)

Si affretta.
È sempre in ritardo!

He has a breakfast of coffee and milk and cookies.
He hurries.
He's always late!

SECTION II NARRATIVES

A. La Giornata di Sergio

Part 1.

Buon Giorno come state?
Mi chiamo Sergio Paolini.
Sono studente d'ingegneria.
Ho quasi terminato la laurea.

Hello. How are you?
My name is Sergio Paolini.
I'm an engineering student.
I have almost finished my laurea degree.

La mia giornata comincia alle sette. Ogni mattina la sveglia suona e mi sveglio contro voglia, però non mi alzo! Invece mi riposo sempre qualche minuto di più prima d'alzarmi lentamente dal letto.

My day begins at 7:00. Every morning the alarm clock rings and I wake up against my will but I don't get up. Instead, I always rest a few minutes more before I slowly get up and out of the bed.

Part 2.

Vado nel bagno e mi preparo per un'altra giornata all'università. Mi lavo e mi faccio la barba. Poi torno in camera e mi vesto e mi pettino.

I go into the bathroom and I get ready for another day at the university. I wash and I shave. Then I return to my room and I get dressed and I comb my hair.

Dopo una colazione di caffè-latte e biscotti mi affretto. Sono sempre in ritardo!

After a breakfast of coffee and milk and cookies I hurry. I'm always late!

B.

La giornata di Sergio Paolini è cominiciata alle 7:00. La sveglia ha suonato e lui si è svegliato contro voglia, però non si è alzato. Invece si è riposato qualche minuto di più, prima d'alzarsi lentamente dal letto. È andato in bagno e si è preparato per un' altra giornata all'università. Si è lavato e si è fatto la barba. Poi è tornato in camera; si è vestito e si è pettinato.

Sergio Paolini's day began at 7:00. The alarm clock rang and he woke up against his will, but he didn't get up. Instead he rested a few minutes more before slowly getting out of bed. He went into the bathroom and got ready for another day at the university. He washed and shaved. Then he returned to his room and got dressed and combed his hair

Dopo colazione si è affrettato. È sempre in ritardo.

After breakfast he hurried. He's always late!

SECTION III QUESTIONS - Answer the following questions in Italian.

A.

1. Come si chiama lo studente?
2. Che cosa studia?
3. Ha terminato l'università?
4. A che ora comincia la sua giornata?
5. Che cosa suona?
6. Si sveglia?
7. Si alza?
8. Come si alza dal letto?
9. Dove va e che cosa fa?
10. Torna in camera e che cosa fa?
11. Si affretta? Perché?

B.

1. A che ora è cominciata la giornata di Sergio Paolini?
2. Si è svegliato?
3. Si è alzato?
4. Dov'è andato?
5. Che cosa ha fatto?
6. Che casa ha fatto in camera?
7. Si è affrettato? Perché?

SECTION IV SUPPLEMENT

A. Mi faccio un bagno — I'm taking a bath.
Mi faccio una doccia. — I'm taking a shower.
Mi lavo le mani. — I wash my hands.
Mi lavo la faccia. — I wash my face.
Mi lavo i capelli. — I wash my hair.

B. Ho bisogno... — I need...
d'acqua — water
di una saponetta — a bar of soap
di un asciugamano — a towel
di una spugna * — a sponge

*A sponge normally takes the place of a washcloth in an Italian home.

SECTION V REFLEXIVE VERBS - Present Tense

Here is an example of a reflexive verb in Italian: Mi lavo - I wash myself. The reflexive pronoun MI is the same as the subject I; so we may say that a reflexive verb is something that you do yourself and/or to yourself. For example, I get up - mi alzo - it literally means I get my-self up; or ti vesti - you get dressed - it literally means you get yourself dressed. Another one is mi diverto - I have a good time. Literally, I enjoy myself.

Reflexive verbs are used much more in Italian than in English. In English many times a reflexive action is understood whereas in Italian it is stated. There are also a number of verbs that are not thought to be reflexive in English but are reflexive in Italian as in the example already used, to have a good time, and in one of the first expressions learned in Italian - mi chiamo - my name is (reflexive in Italian, but not in English.)

You will also notice that some verbs can be used reflexively and non-reflexively, for example: Lavo la macchina; you are certainly not washing yourself! FARE and CHIAMARE and several others fall into this catagory.

Now let's put a reflexive verb in the present tense. You will recognize the infinitive as being reflexive because the pronoun si is attached to it. (lavarsi) You will also recognize most of the pronouns since you have already used most of them in other ways. Study this : LAVARSI

(Io) mi lavo	(noi) ci laviamo
(tu) ti lavi	(voi) vi lavate
(lui) si lava	(loro) si lavano

NOTICE THAT THE PRONOUN COMES BEFORE THE VERB.

Now here is a list of the reflexive verbs used in this unit:

chiamarsi	to be called, to be named
svegliarsi	to wake up
alzarsi	to get up
riposarsi	to rest (relax)
prepararsi	to get ready
lavarsi	to wash
farsi(la barba, una doccia, un bagno,etc)	to do something to take....
vestirsi	to get dressed
pettinarsi	to comb
affrettarsi	to hurry
mettersi	to put on clothing
also mettersi a + infinitive	
divertirsi	to have a good time
addormentarsi	to fall asleep
sentirsi	to feel

SECTION VI DRILLS

A. Repetition Drill

Mi sveglio contro voglia
Ti svegli contro voglia
Si sveglia contro voglia
Ci svegliamo contro voglia
Vi svegliate contro voglia
Si svegliano contro voglia

B. Repetition Drill

Mi metto le scarpe
Ti metti le scarpe
Si mette le scarpe
Ci mettiamo le scarpe
Vi mettete le scarpe
Si mettono le scarpe

C. Repetition Drill
Non mi vesto subito
Non ti vesti subito
Non si veste subito
Non ci vestiamo subito
Non vi vestite subito
Non si vestono subito

D. Repetition Drill
Mi diverto molto
Ti diverti molto
Si diverte molto
Ci divertiamo molto
Vi divertite molto
Si divertono molto

E. Substitution Drill
Lo studente non si alza adesso.
Le amiche__________________.
Voi________________________.
Sergio ed io_________________.

F. Substitution Drill
Io mi preparo per uscire.
Gianni_____________________.
Le ragazze__________________.
Noi________________________.

G. Cued Response Drill - Answer the following according to the cue given; EXAMPLE-Gianni? Si affretta sempre.

Maria?________________?
Io?____________________?
La professoressa?_______?
Gli amici?______________?
Voi?___________________?
Tu?____________________?

H. Cued Question and Answer Drill - Answer the following questions using the cues provided.
1. A che ora ti alzi? (alle 7)
2. Ti riposi a letto? (no)
3. Ti prepari per la lezione? (sì)
4. Ti fai la doccia? (no, un bagno)
5. Ti vesti subito? (sì)
6. Ti pettini adesso? (sì)
7. Ti senti bene? (no)
8. Vai a divertirti? (no)

I. Cued Question and Answer Drill - Answer the following questions using the cues provided.

I. Cued Questions and Answers (continued)

1. Vi divertite alla spiaggia? (sì,molto)
2. Chi si affretta per arrivare alla lezione? (Giann
3. Come ti senti? (bene)
4. A che ora si sveglia Sergio? (alle 7)
5. Come si chiama il signore? (RobertoFanelli)

SECTION VII REFLEXIVE VERBS - Present Perfect Tense

In this past tense,reflexive verbs always use the verb ESSERE and so the past participle agrees wi the subject. For example:

Sergio Paolini si è alzato subito.	Sergio Paolini got up quickly.
La ragazza si è divertita ieri sera.	The girl had a good ti last night.
Loro si sono preparati per la festa.	They got ready for the party.

NOTE: The past participle of METTERSI is messo.

SECTION VIII DRILLS

A. Repetition Drill

Mi sono svegliato
Mi sono svegliata
Ti sei svegliato
Ti sei svegliato
Si è svegliato
Si è svegliata
Ci siamo svegliati
Ci siamo svegliate
Vi siete svegliati
Vi siete svegliate
Si sono svegliati
Si sono svegliate

B. Repetition Drill

Mi sono divertito
Mi sono divertita
Ti sei divertito
Ti sei divertita
Si è divertito
Si è divertita
Ci siamo divertiti
Ci siamo divertite
Vi siete divertiti
Vi siete divertite
Si sono divertiti
Si sono divertite

C. Repetition Drill

Mi sono affrettato
Mi sono affrettata
Ti sei affrettato
Ti sei affrettata
Si è affrettato
Si è affrettata
Ci siamo affrettati
Ci siamo affrettate

C. Repetition Drill (continued)

Vi siete affrettati — Si sono afrettati
Vi siete affrettate — Si sono afrettate

D. Substitution Drill

Gianni si è addormentato.
Io________________.
Carla________________.
Voi (Carla+Maria)________.
Le ragazze____________.

E. Substitution Drill

Mi sono lavato le mani.
Gianna_____ ________.
Noi (masc.)__________.
Tu (fem.)____________.
I bambini____________.

F. Question and Answer Drill

Answer all the following questions affirmatively:

1. Ti sei svegliato?
2. Ti sei alzata?
3. Ti sei affrettato?
4. Ti sei lavato?
5. Ti sei preparata?

G. Cued Question and Answer Drill - Answer the following questions according to the cue given.

1. A che ora si è alzata Lei? (alle 8)
2. Gianna si è messa il cappotto? (sì)
3. Maria si è alzata presto? (no)
4. Vi siete divertiti ieri sera? (sì, molto)
5. Si sono lavati i ragazzi? (no)
6. Gli studenti si sono preparati? (sì)
7. Ti sei vestito subito? (no)

H. Free Response Drill
(not recorded)

1. Ti sei riposato/a ieri sera?
2. Ti sei messo/a un cappotto oggi?
3. Vi siete affrettati questa mattina?
4. Ti sei fatto una doccia?
5. A che ora ti sei alzato/a?

I. Mixed Drill - Answer the following affirmatively in either the present or the present perfect tense.

1. Le ragazze si divertonono molto?
2. Vai a divertitti?
3. Vi siete affrettati oggi?
4. Carla si è lavata i capelli?
5. Ti metti a lavorare?
6. Si lava ogni mattina?
7. Ti addormenti in classe?
8. Si sono preparati per la festa?

SECTION IX Review Questions (Not recorded)

1. Si è addormentata la bambina?
2. Hai bisogno di preparati per la festa?
3. Si alza subito Sergio Paolini?
4. Signorina, a che ora Lei si è alzata stamattina?
5. I ragazzi si sono lavati le mani prima di mangiare?
6. Ti fai un bagno o una doccia?
7. Hai trovato tempo per riposarti oggi?
8. Come si chiamano i due fratelli?
9. Che cosa ti metti adesso?
10. Non ti senti bene oggi?
11. A che ora si sono svegliate le ragazze?
12. Translate into Italian: They had a good time!
13. Chi si fa la barba; Sergio o Marisa?
14. Perché si affretta Sergio?
15. Ti piace alzarti la mattina?
16. Paolo si mette a studiare?
17. Vi siete divertiti ieri sera?

SECTION X

LEARNING ACTIVITIES

1. Using the Sergio Paolini narrative in the present tens as a model, write a personal narrative about yourself and your morning activities. Read it aloud.

2. Using the Sergio Paolini narrative in the present perfect tense as a model, write a personal narrative about your morning yesterday. Read it aloud.

3. Now, write an original conversation perhaps revolving around getting somewhere on time, between two people. Use as many reflexive verbs and expressions from the Unit as you can.

UNIT VII, PART 2
UNIVERSITÀ

UNIT VIII

OVERVIEW OF THE UNIT

In this Unit we will learn a new and very useful tense; the imperfect. We will concentrate on its uses. Vacation vocabulary will be presented as well as adverbs ending in -mente.

GRAMMAR POINTS PRESENTED

1. The imperfect tense - formation including irregular verbs.

2. Meaning and uses of the imperfect.

3. Imperfect vs. present perfect.

4. Formation of adverbs ending in -mente.

SECTION I PRONUNCIATION DRILL

Let us review the z sound in Italian. As you may know it has 2 sounds, one called voiced as in the Italian word azzurro and much like the English word weds; and the other unvoiced as in the Italian word zio and much like the sound of the English word lets. The 2 sounds may be written with a single or a double z. Here are some examples from our Unit. They are all unvoiced. Listen.

scherzavano, stazione, servizio, impazzivano, vacanza

Here are some other examples which are voiced;

mezzo, zodiaco, azzurro, zona, pranzo. Now listen and repeat:

scherzavano, mezzo, zodiaco, stazione, azzurro, zona, servizio, impazzivano, pranzo, vacanza.

Repeat the following sentences:
La stazione di servizio non è lontano.
Ho bisogno di benzina, perché andiamo in vacanza.
Non mi piace studiare i segni dello zodiaco.
Questa zona è bellissima.
Andiamo in piazza per prendere una pizza.

SECTION II ANDIAMO IN VILLIGGIATURA...
LET'S GO ON VACATION

BASIC SENTENCES

Part I

Vanno in villeggiatura	They're going on vacation.
Prenderanno una villa in affitto.	They're renting a house.
Ci staranno fino a Ferragosto.	They'll be there until August 15th.
È un posto bellissimo.	It's a lovely spot. (place)
Non esiste nessun posto come Porto Recanati.	There's no place like Porto Recanati.
Andavano in campeggio.	They used to go camping.
Come si divertivano!	How they used to enjoy themselves.
Si ricorda il viaggio in macchina.	She remembers the trip by car.
Era così divertente.	It was so funny.
Una Fiat era bianca.	One Fiat was white.
L'altra Fiat era rossa.	The other (one) was red.
I papà guidavano seriamente.	The fathers drove seriously.
I giovani scherzavano.	The children fooled around. (played)

Part II

Le piaceva molto tutte quelle fermate interessanti: i caselli stradali, la stazione di servizio e l'autogrill Pavesi*.	She really liked all those interesting stops: the toll booths, the gas stations and the Pavesi Grill.
Quando arrivavano, correvano subito al mare.	When they arrived, they would run straight to the sea.

Di sera passeggiavano al lungo mare. — At night they would walk along the boardwalk(coastlir

Sono andati a Fano per un concerto di Claudio Baglioni.** — They went to Fano for a Claudio Baglione concert.

Tutti impazzivano. — They were all going crazy.

Volevano biglietti. — They wanted tickets.

Il teatro era al completo. — The theater was full(sold out)

Aspettavano molto tempo e finalmente Baglioni è arrivato. — They waited a long time and finally Baglioni arrived.

Quelli erano i giorni! — Those were the days!

Paolo è un vecchione di 23 anni! — Paolo is an old man at 23! (a 23 year old "old" man)

* Porto Recanati is one of the lovely sea coast towns that dot the Adriatic coast of the Marches, a vacation area that is becoming increasingly popular.
**The Pavesi Grill is a stop along the highway, the Italian version of Howard Johnson's. Baglione is a famous Italian pop singer.

SECTION III <u>DIALOGS</u>

<u>Part I</u>

PAOLO: Andate in villeggiatura quest'anno? — Are you going on vacation this year?

ANNA: Si, a San Benedetto del Tronto. — Yes, to San Benedetto del Tronto.

PAOLO: Prenderete una villa in affitto? — Are you going to rent a house?

ANNA: Sì, al mare. Ci staremo fino a Ferragosto. È un posto bellissimo. — Yes, at the sea. We'll be there until August 15th. It's a lovely place.

PAOLO: È vero. Ma per me non esiste nessun posto come Porto Recanati dove ci andavamo in campeggio. — (That's) true. But for me there's no place like Porto Recanati where we used to go camping.

ANNNA: Hai ragione. Come ci divertivamo. — You're right. What a good time we used to have!

PAOLO: Sì, ed anche prima d'arrivarci. Ti ricordi il viaggio in macchina? — Yes, and even(also) before we arrived. Do you remember the trip by car?

Era così divertente!
ANNA: Sì, le due vecchie Fiat, sull'autostrada; la nostra bianca e la vostra rossa.
PAOLO: I nostri papà guidavano seriamente e noi tutti scherzavamo.

It was so funny!
Yes, the two old Fiats on the highway; our old white one and your old red one.
Our fathers were driving(so) seriously and we all were fooling around.

Part II

ANNA: Mi piaceva molte tutte quelle fermate interessanti; i caselli stradali, la stazione di servizio e l'autogrill Pavesi.
PAOLO: E quando arrivavamo, correvamo subito al mare.
ANNA: Sì, e di sera passeggiavamo al lungo mare.
PAOLO: Ti ricordi quando siamo andati a Fano per un concerto di Claudio Baglioni?
ANNA: Certamente. Tutti impazzivano.
PAOLO: Volevano biglietti però il teatro era al completo. Ah! quelli erano i giorni!
ANNA: Sì, signor vecchione di 23 anni!

I really like all those interesting stops; the toll booths, the gas station and the Pavesi Grill.
And when we arrived, we would run straight to the sea.
Yes, and at night we would walk on the boardwalk.
Do you remember when we went to Fano for a Claudio Baglioni concert?
Certainly. Everyone was going crazy.
They wanted tickets but the theater was sold out.
Ah! Those were the days!
Yes, Mr. "old man" of 23!

SECTION IV QUESTIONS

Part I

1. Dove vanno in villeggiatura quest'anno?
2. Che cosa prenderano in affitto?
3. Quanto tempo ci staranno?
4. Com'è il posto?
5. Per Paolo esiste un posto come Porto Recanati?
6. Che cosa ci facevano?
7. Si divertivano?

8. Com'era il viaggio in macchina?
9. Com'erano le Fiat?
10. Come guidavno i loro papà?
11. Che cosa facevano i giovani?

Part II
1. Che cosa piaceva ad Anna?
2. Quando arrivavano, dove correvano?
3. Dove passeggiavanodi sera?
4. Dove sono andati una volta?
5. Che cosa facevano tutti?
6. Era possible comprare biglietti?
7. È arrivato subito Claudio Baglioni?
8. Erano quelli i giorni?
9. È vecchio Paolo?

SECTION V SUPPLEMENT
A. Making Reservations
1. al teatro - at the theater
vorrei prenotare due posti - I'd like to reserve 2 seat

*Ho prenotato 2 posti per lo spettacolo - I've reserved 2 seats / 2 tickets for the show

*The verb prenotare is a regular -are verb

2. all'albergo - at the hotel
vorrei prenotare una camera I'd like to reserve a room
singola a single
matrimoniale a double
Ho prenotato una camera - I've reserved a room

B. Vacations

Andiamo in villeggiatura/in vacanza
We're going on vacation
al mare at the sea
al lago at the lake
in montagna at(in) the mountains
Andiamo in campeggio
We're going camping

C. <u>On the Highway</u>

Pago il pedaggio al casello stradale
I pay the toll at the toll booth

Ho bisogno di benzina	I need gas
Ho bisogno di controllare l'olio	I need to check the oil
Il pieno, per piacere	Fill it up please

SECTION VI THE IMPERFECT TENSE (formation)

A. Reread the Basic Sentences and Dialog and you will see many verbs in a new tense - the imperfect. As you can see it is a one word tense. It is not difficult to form: all regular verbs(-are,-ere,-ire) and many irregular verbs use one set of endings to form the tense. These endings are added to the infinitive after the re has been dropped. Look at these examples:

	ASPETTARE	PRENDERE	DORMIRE
io	aspettavo	prendevo	dormivo
tu	aspettavi	prendevi	dormivi
lui/lei	aspettava	prendeva	dormiva
noi	aspettavamo	prendevamo	dormivamo
voi	aspettavate	prendevate	dormivate
loro	aspettavano	prendevano	dormivano

B. There are few irregular verbs in the Imperfect; essere is iregular. Here are its forms.

ero	eravamo
eri	eravate
era	erano

Also fare, bere and dire have irregular imperfect stems to which you add the imperfect endings: fare - face - facevo, etc.

bere	-	beve	-	bevevo
dire	-	dice	-	dicevo

A. Repetition Drill
guidavo seriamente
guidavi
guidava
guidavamo
guidavate
guidavano

B. Repetition Drill
correvo al mare
correvi
correva
correvamo
correvate
correvano

C. Repetition Drill
mi divertivo sull'autostrada
ti divertivi
si divertiva
ci divertivamo
vi divertivate
si divertivano

D. Repetition Drill
ero cosi divertente
eri
era
eravamo
eravate
erano

E. Repetition Drill
facevo una fermata
facevi
faceva
facevamo
facevate
facevano

SECTION VII THE USES AND MEANINGS OF THE IMPERFECT

1. The imperfect tense is used to express habitual past actions, continuous recurring actions in the past, things that you used to do, or the way things or people were in the past. It is also used to describe time and weather in the past. It is different from the present perfect which expresses what happened at a given or specific time in the past or just simply tells what you did: for example, Yesterday I ate at 6:30.
2. The imperfect is translated as was or were, used to and sometimes would: all indicators of habitual past actions. Quando ero piccolo, andavo sempre in villeggiatura ad Amalfi. (When I was little I always used to go on vacation to Amalfi.) Ogni settimana i fratelli guidavano a Napoli. (Every week the brothers would drive to Naples.)
3. Sometimes the imperfect and the present perfect will occu in the same sentence. In a way, the imperfect provides the background for the specific action of the present

perfect: Mentre guardavo la t.v. il telefono ha squillato. (While I was watching t.v. the telephone rang.) Lui abitava in Italia pero è andato in America. (He used to live in Italy, but he went to America.) These examples clearly show the difference in tenses.

Please listen to the following two short stories then answer the questions based on them.

A. Quando ero piccolo, andavo sempre in villeggiatura ad Amalfi. Faceva bel tempo e mi piaceva molto nuotare nel mare.

B. Questions:

1. Quando eri piccolo, dove andavi?
2. Che tempo faceva?
3. Ti piaceva nuotare?

C. Quando avevamo 19 anni abitavamo a Napoli. Eravamo studenti all'università, dove Mimmo studiava legge ed io studiavo lingue straniere.

D. Questions:

1. Quanti anni avevate quando abitavate a Napoli?
2. Eravate studenti?
3. Dove studiavate?
4. Che cosa studiava Mimmo?
5. E tu?

Listen to the following sentences and replace the verb with the verb given in the imperfect.

Ogni settimana i fratelli guidavano a Napoli.
andare
essere
mangiare
divertirsi

SECTION VIII <u>IMPERFECT</u> <u>VS.</u> <u>PRESENT</u> <u>PERFECT</u>

Please listen to the following two short stories and then answer the questions based on them.

A. Quando i suoi fratelli, Marco e Fausto erano al liceo, giocavano a calcio. A loro piaceva molto quest sport. Si divertivano molto ed erano dei giocatori eccellenti. Pero una volta Fausto si è fatto seriamen male, e adesso non può più giocare.

B. Questions:
1. Quando i suoi fratelli erano al liceo a che cosa giocavano?
2. A loro piaceva molto questo sport?
3. Che tipo di giocatori erano?
4. Chi si è fatto seriamente male?
5. Fausto gioca ancora?

C. Ieri sera mentre guardavo la televisione il telefon ha squillato. Che sorpresa! Mi ha chiamata mio cugino dall'America. Lui abitava in Italia a Bari, pero è andato in America l'anno scorso per studiare l'inglese

D. Questions:
1. Che cosa facevi ieri sera?
2. Il telefono ha squillato?
3. Chi ti ha chiamata?
4. Dove abita adesso?
5. Dove abitava?
6. Perché è andato in America?

E. Imperfect vs. Present Perfect: (not recorded)
Translate into Italian: 1. While I was eating the telephone rang. 2. While I was shopping, she arrived 3. While they were talking, he left.

SECTION IX <u>ADVERBS</u> <u>THAT</u> <u>END</u> <u>IN</u> <u>-MENTE</u>

1. There are many adverbs in Italian that end in -ment They normally are equivalent to English <u>ly</u> adverbs. The formation is simple: add <u>mente</u> to the feminine singul

form of the adjective: EXAMPLE: rapida - rapidamente lenta - lentamente

2. If an adjective ends in -le or -re and is preceded by a vowel, drop the final e before adding mente. EXAMPLE: difficile - difficilmente facile - facilmente

Form an appropriate adverb from the adjective given to complete the following:

L'italiano? Gianni lo parla ...1. difficile
2. lento
3. chiaro
4. rapido
5. facile

SECTION X REVIEW QUESTIONS

1. Come guidavi quando eri giovane ?
2. Che tempo faceva l'estate scorsa?
3. Hai prenotato due posti?
4. Che cosa faceva Gianni quando è arrivata Maria?
5. Dove andavi in villeggiatura quando eri piccolo?
6. Tu sei un vecchione?
7. Di che colore era la Fiat?
8. Com'è questo posto?
9. Dov'è lo spettacolo stasera?
10. Che cosa facevate di sera ad Amalfi?
11. Ti piace andare in campeggio?
12. Nuoti bene?
13. Che cosa paghi al casello stradale?
14. Volevano qualcosa i ragazzi?
15. Dove studiavate quando eravate giovani?
16. Vi divertivate al mare?
17. Ieri, hai fatto un viaggio in macchina?
18. Dove si trova Porto Recanati?
19. Avete preso una villa in affitto?

SECTION XI LEARNING ACTIVITIES

1. Think back to your high school days and write about them using the imperfect tense. Write about six lines of "what you used to do".

2. Write 5 sentences that tell what you <u>were</u> <u>doing</u> when something <u>else</u> happened.

3. Complete the following in the imperfect or the present perfect tense:

1. Ogni settimana io (mangiare) con lo zio.
2. Ieri io (fare una passeggiata).
3. L'anno scorso io (andare) in Italia.
4. Ogni domenica io (guardare) la t.v.
5. Stamattina io (telefonare) a Mario?

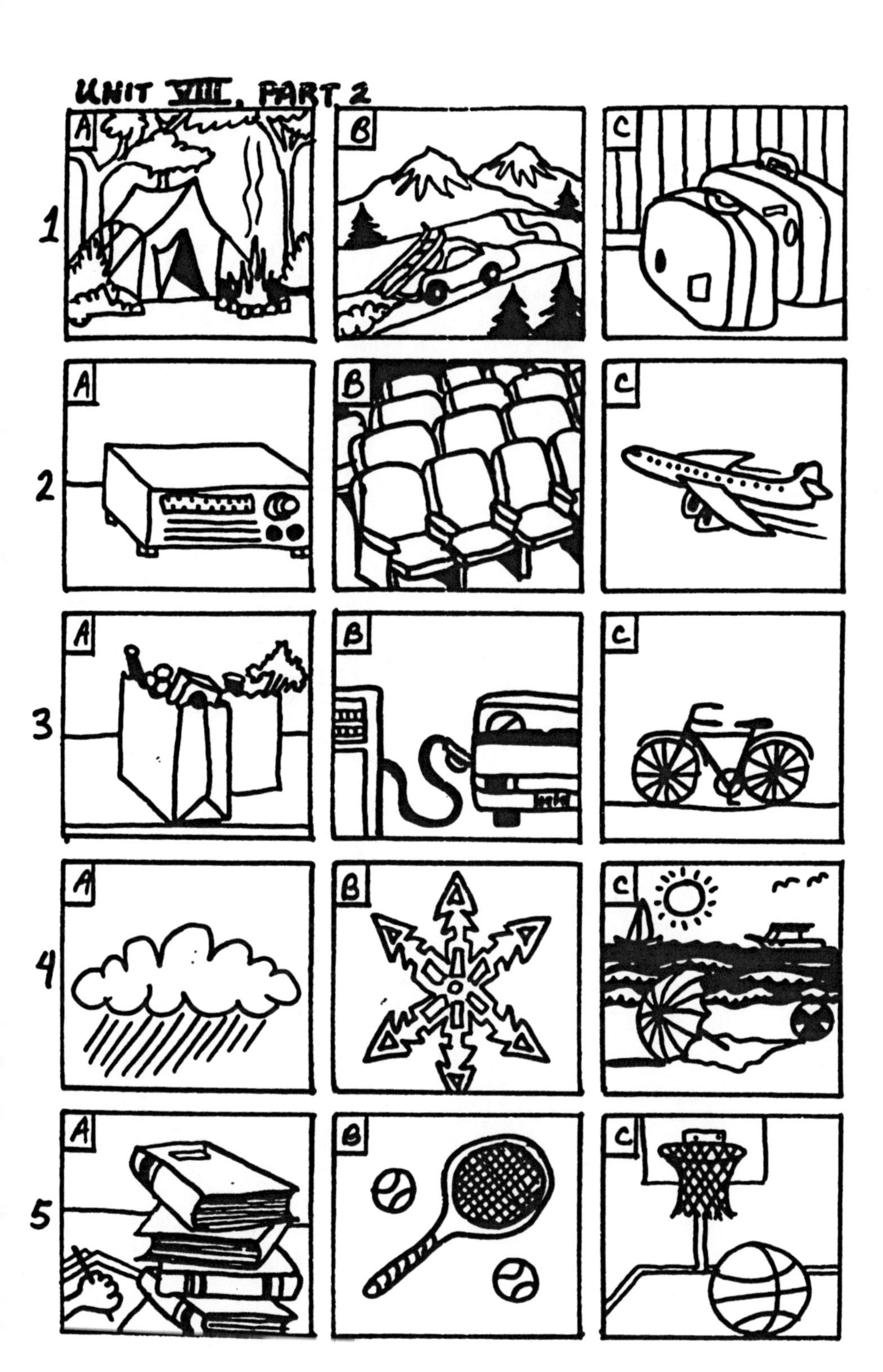
UNIT VIII, PART 2
1
A
B
C
2
A
B
C
3
A
B
C
4
A
B
C
5
A
B
C

AUTOSTRADA
DEL SOLE

UNIT IX

OVERVIEW OF UNIT IX

This Unit introduces a great deal of new vocabulary with few grammatical notes. Possessive pronouns are explained as well as demonstrative adjectives and pronouns.

GRAMMAR POINTS PRESENTED

1. Possessive pronouns.
2. Demonstrative adjectives and pronouns.

SECTION I PRONUNCIATION DRILL

Let us practice the sound of l in Italian. Although the l is pronounced much like its American counterpart, as with the p sound there are differences; the Italian l can be said to be a bit sharper and it is not pronounced as far back in the mouth as the English l. Actually, in Italian when you pronounce an l, the tip of the tongue is pressed against the gum ridge behind your upper front teeth.

Take the English word lottery and its Italian equivalent. Say lottery, lottery. Do you feel how far back in the mouth it is pronounced? Now say, lotteria, lotteria. You can feel the difference. Listen to the following from our Unit: il Totocalcio, molto, popolare, altre, risultati, volta, delle, male. Now listen and repeat.

Listen again: lettera, loro, bella, volo, biglietto, luna, allora, Marcello. Now listen and repeat.

Listen to the following sentences:

Il cappello è giallo.
La loro lettera è arrivata.

Pronunciation Drill (continued)

Il colore della giacca è molto elegante.
Allora, questi sono i risultati?
La lotteria è molto popolare in Italia.

Now listen and repeat

SECTION II NARRATIVE

Part A

Il Totocalcio è una lotteria nazionale molto popolare in Italia. Si basa sul gioco del calcio, lo sport nazionale. Come molte altre lotterie per vincere uno deve pronosticare alcuni risultati. La differenza è che invece di numeri, uno deve pronosticare i risultati di tredici partite di calcio che si giocheranno durante il fine settimana.

The "Totocalcio" is a national lottery, (it is) very popular in Italy. It's based on the game of soccer the national sport. Like many other lotteries, in order to win, one has to predict certain results. The difference is that instead of numbers, one has to predict the results of 13 soccer matches (games) that will be played during the weekend.

Part B

Sergio, questa settimana ha giocato al Totocalcio. Questa volta è sicuro che vincerà. Ha ormai appreso i risultati delle prime dodici partite e i risultati coincidono con i suoi.

Sergio, this week, played "Totocalcio". This time he's sure that he will win. He learned the results of the first twelve matches (games) and the results coincide with his. (are the same as)

Part C

È ora il turno della sua squadra preferita. Sergio è convinto che la sua squadra vincerà ed infatti è la favorita.

It is now his favorite team turn. Sergio is convinced that his team will win, and in fact it's the favori

L' annunciatore sportivo annuncia il risultato finale. Sergio aspetta con ansia. Finalmente il momento è arrivato e...le cose sono andate male!! Hanno perso.	The sports announcer gives (announces) the final results. Sergio is waiting anxiously. Finally the moment has arrived and...things didn't go well! They lost!
Per la sua squadra c'è sempre la prossima settimana, per Sergio una tale occasione non si presenterà mai più.	For the team, there's always next week, for Sergio such an opportunity will never come (will not present itself)

SECTION III QUESTIONS

Part A

1. Che cosa è il Totocalcio?
2. A gli italiani piace il Totocalcio?
3. Su che cosa si basa?
4. Come si vince?
5. Qual'è la differenza tra il Totocalcio e le altre lotterie?
6. Quando si giocheranno queste partite?

Part B

1. Chi ha giocato al Totocalcio?
2. Che cosa pensa Sergio? (pensare: to think)
3. Ha appreso il risultati?
4. Quali sono i risultati?

Part C

1. E ora il suo turno?
2. È la favorita?
3. Che cosa dice l'annunciatore sportivo?
4. Come sta Sergio?
5. Sono andate bene le cose?
6. Hanno vinto?
7. La sua squadra può giocare un' altra volta?
8. E Sergio?

SECTION IV SUPPLEMENT

A.

Ho vinto!	I won!
Ho perso!	I lost!

Le cose sono andate male	Things went badly
È tutto a posto	Everything is fine (in order)
Ho vinto alla lotteria	I won the lottery
Non mi piace giocare	I don't like to gamble

B.	mi sono persa	I'm lost
	mi può dare direzioni?	Can you give me directions?

C. È una partita di calcio...
It's a soccer game (match)
di baseball
di foot ball
di tennis

SECTION V POSSESSIVE PRONOUNS Study this sentence from our Unit:

Coincidono con i suoi.

It makes use of a possessive pronoun form. Notice that the possessive pronouns are identical to the possessive adjectives (Unit III, Section VI). You are just replacing the noun with the pronoun. Here are the forms.

Masculine singular/plural		Feminine singular/plural		
il mio	i miei	la mia	le mie	MINE
il tuo	i tuoi	la tua	le tue	YOURS(fam
il suo	i suoi	la sua	le sue	HIS,HERS
il nostro	i nostri			YOURS(fo
il vostro	i vostri	la nostra	le nostre	OUR
il loro	i loro	la vostra	le vostre	YOURS(fam
		la loro	le loro	THEIRS, YOURS(fo

NOTE: You may omit the definite article if you wish when the possessive pronoun comes after forms of the verb essere. However loro must always retain it.

SECTION VI REPETITION DRILLS

A. coincidono con i suoi	concidono con i loro
coincidono con i miei	coincidono i con i tuoi
coincidono con i nostri	coincidono i con i vostri

B. la gonna? È (la) mia
il gioco? È (il) tuo
il turno? È (il) suo
la macchina? È (la) vostra

C. Oh! Questo biglietto è il mio
Oh! Questa squadra è la vostra
Oh! Questi libri sono i loro
Oh! Questo treno è il tuo
Oh! Queste scarpe sono le tue
Oh! Questa prenotazione è la sua

D. Answer the questions with a possessive pronoun according to the cues provided: EXAMPLE - Mangio la mia cena(e voi).
Mangiamo la nostra.

1. Maria vede la sua giacca, (e loro)?
2. Ho il mio libro, (e Luigi)?
3. Pago la mia rivista, (e tu)?
4. Ascolto il mio disco, (e Gianna)?
5. Leggi il tuo libro, (e Laura and Carla)?

E. Translate into Italian -

1. His books are at home, and yours?
2. My work is done, and his?
3. Her shoes are pretty, and yours? (plural)
4. My team won, and theirs?

SECTION VII <u>DEMONSTRATIVE ADJUECTIVES AND PRONOUNS</u> <u>Questo and Quello</u>

A. As you already know adjectives agree in number and gender with the nouns they <u>modify</u>. QUESTO and QUELLO then of course follow this rule. Here are just two examples:

Questa <u>ragazza</u> è <u>bella</u>! This girl is pretty!

Quella <u>ragazza</u> è <u>brutta</u>! That girl is ugly!

When they are used as demonstrative pronouns they agree in number and gender with the nouns they replace. Here are three examples:

Quel ragazzo è bello, ma quello è brutto!

Questa squadra è buona ma quella è terrible!

Questi libri sono nouvi, ma quelli sono vecchi.

B. Here are the forms of QUESTO and QUELLO as demonstrative adjectives:

QUESTO

Masculine singular/Plural		Feminine singular/plural	
questo	questi	questa	queste
quest' *		quest'	

This is the form normally used with singular, masculine or feminine nouns that begin with a vowel.

QUELLO

Masculine singular/plural		Feminine singular/plural	
quel	quei	quella	
quello	quegli	quell'	quelle
quell'			

C. Here are the forms of QUESTO and QUELLO as demonstrative pronouns. As you can see there is only one form for each designation.

	Masc. sing.	Fem.sing.	Masc.pl.	Fem.pl.
QUESTO	questo	questa	questi	queste
QUELLO	quello	quella	quelli	quelle

SECTION VIII REPETITION DRILLS

A. Questa ragazza è bella.
Questo libro è interessante.
Quest'anno vado in villiggiatura.
Quest'automobile è bianca.
Questi ragazzi sono brutti
Queste lotterie sono popolari.

B.
Quella ragazza è brutta.
Quel libro è difficile.
Quell' automobile è nera.
Quei ragazzi sono belli.
Quegli studenti sono intelligenti.
Quelle lotterie sono popolari.

C. Answer the following according to the example:
Dov'è la macchina? In quella stazione.
1. Dov'è la banca? (strada)
2. Dov'è il film? (cinema)
3. Dov'è Gianna? (automobile)
4. Dov'è il cameriere? (ristorante)

D. Complete the following according to the cue given.
Example: Questo libro è facile, e quello?

1. Questa ragazza è bella, e quella? (brutta)
2. Queste città sono grandi, e quelle? (piccole)
3. Quest' automobile è nuova, e quella? (vecchia)
4. Questi ragazzi giocano a calcio, e quei? (tennis)
5. Quest' amico è brutto, e quello? (bello)
6. Questo libro è facile, e quello? (difficile)

E. Complete the following sentences according to the example using this and that, new and old, throughout the drill.

Quel cappotto è nuovo e....

Questo cappotto è vecchio.

1. Quel libro è nuovo (e).....
2. Quell' automobile è nuova (e)...
3. Quell' olio è nuovo (e)...
4. Quei libri sono nuovi (e)...
5. Quelle automobile sono nuove (e)...

F. Answer the following questions according to the cues given using either a possessive pronoun and possessive adjective or demonstrative pronoun or adjective.

1. Dov'è tua sorella? (a scuol]
2. Questa ragazza è brutta,e q. ·lla?(bella)
3. Sono i tuoi? (sì)
4. Vuoi quel libro? (no, questo)
5. Questi libri? Sono i vostri? (sì)
6. Sono le amiche di Franco e Gianni? (sì)

SECTION IX REVIEW QUESTIONS

1. Hai giocato alla lotteria?
2. Hai vinto?
3. Questi libri sono interessanti, e quelli?
4. Sono le mie scarpe?
5. Quale sport preferisci?
6. Signori, queste riviste sono le vostre?
7. Che cosa aspetti con ansia?
8. Sono popolari anche negli Stati Uniti, le lotterie?
9. Carla, è il mio biglietto?
10. Ieri sera quale squadra americana ha perso una partit di football?
11. Transalte into Italian - Everything is fine(in order).
12. Com'è quella ragazza?
13. Hai una squadra favorita di calcio?
14. Avete appreso molto a scuola oggi?
15. Che bella macchina! È la tua?
16. Signorina, Lei si è persa?
17. Translate into Italian - My team won, and yours?
18. Vuoi quella rivista?(no,this one)
19. Di che cosa sei convinto?
20. Dove andate la prossima settimana?
21. A che cosa giocheranno i giovani?
22. Che cosa pensi della lotteria?

SECTION X LEARNING ACTIVITIES

1. Write your own short summary of "Il Totocalcio" in th "I" form. Begin with Io, questa settimana ho giocato al Totocalcio..........(continue!)

2. Explain the differences between "Il Totocalcio" and a popular American lottery with which you are familiar. Re the explanation aloud.

3. Write 7 questions to ask a friend using the following verbs. You may use any of the tenses you have learned.

1. vincere
2. pensare
3. apprendere
4. pronosticare
5. perdere
6. giocare
7. coincidere

4. Ask a friend #3 and then record her/his answers.

5. Complete the following using the demonstrative pronouns, <u>questo</u> and <u>quello</u>.

1. Ti piace questa gonna? No,preferisco...
2. Allora, quale libro, preferisci? Preferisco...
3. Ti piacciono quelle cravatte? No,preferisco...
4. Allora quali vestiti preferisci? Preferisco...

UNIT IX, PART2
A
B
C
1
2
3
4
5
MUSEO

GELATO

UNIT X

OVERVIEW OF UNIT X

In this last unit we will talk about Italian trains and take another little shopping trip. Only two grammar points will be presented.

GRAMMAR POINTS PRESENTED

1. Explanation of the adjective bello.
2. Uses of the pronoun ne.

SECTION I PRONUNCIATION DRILL

As a last drill let's practice the qu sound in Italian. This sound is always pronounced like the English letters qu in the word question. It is found before the vowels a, e, i and o. Please listen:

questa
quasi
qual
quello

Pasqua
quindi
quanto

Now listen and repeat

Listen to the following sentences.

Si ferma a quasi ogni stazione.
Quella gonna è bellissima
Non mi piace questa canzone.
Quindi non posso dirti quanto costa quel libro.

Now listen and repeat

SECTION II <u>BASIC SENTENCES</u> I TRENI ITALIANI

<u>Part I</u>

Parlano dei diversi treni italiani.	They're speaking about the various italian trains.
Ce ne sono abbastanza.	There are enough(of them)/or quite a few.
Che confusione con questi nomi!	What confusion with these names!
Tutti gli italiani conoscono"l'accelerato".	All the Italians know (are acquainted with) the "accelerated".
Sanno che cosa vuole dire la parola.	They know what the word means.
I poveri stranieri non sanno che "accelerato" non è "accelerato".	(The)poor foreigners don't know (that)the "accelerated isn't "accelerated".
È più lento.	It's slower.
Si ferma a quasi ogni stazione.	It stops at every station.

<u>Part II</u>

Hanno "il diretto", il "direttissimo" e "il rapido".	They have the "direct", the "very direct" and the "rapid".
"Il diretto" e "il direttissimo" non sono più diretti che il "rapido".	The "direct" and the "very direct" aren't more direct than the "rapid".
Il "rapido" è il piu diretto di tutti!	The "rapid" is the most direct of all!
È un bel treno.	It's a nice train.

SECTION III <u>DIALOG</u>

A. Part I

CARLA: Parliamo un po'dei diversi treni italiani.	Let's talk a bit about the various italian trains.
MARIA: Sì. Ce ne sono abbastanza; che confusione con questi nomi!	Yes, there are quite a few of them. What confusion with these names!
CARLA: Per esempio, tutti noi italiani conosciamo l'accelerato. Sappiamo che cosa vuole dire.	For example, all we Italians know the "accelerated".We know what this word "accelerated' means.

MARIA: Ma i poveri stranieri, non sanno che accelerato non è accelerato.	But the poor foreigners don't know that "accelerate isn't "accelerated".
CARLA: Invece, è più lento. Si ferma a quasi ogni stazione.	Instead, it's slower. It stops at almost every stati

Part II

MARIA: Sì e poi abbiamo il "diretto", il "direttissimo" e il "rapido".	Yes, and then we have the "direct", the "very direct" and the "rapid".
CARLA: Il "diretto" è il "direttissimo" sono più diretti che il"rapido", vero?	The "direct" and the "very direct," are more direct than the "rapid" right?
MARIA: Ma no!!! Il "rapido" è il più diretto di tutti. E inoltre, è un bel treno.	But no! The "rapid" is the most direct of all. And besides, it's a nice train.

B. Narrative <u>Il Negozio da Uomini</u> - The Men's Clothing Store

Un signore entra in un negozio da uomini. Vuole comprare un completo elegante e qualche camicia. Si prepara per un viaggio d'affari. La commessa gli mostra tre completi. Li prova. Ne preferisce uno grigio. È di marca Marzotto. Compra il completo ed anche tre belle camicie di seta.	A gentleman enters a men's clothing store. He wants to buy an elegant suit and some shirts. He's getting ready for a business trip. The saleslady shows him three suits. He tries them on. He prefers a grey one. It's a Marzotto. He buys the suit and also three nic silk ties.

SECTION IV QUESTIONS - Please answer the following

Part I

1. Di che cosa parlano Maria e Carla?
2. Perché c'è confusione?
3. Quale treno conoscono tutti gli italiani?
4. Gli stranieri capiscono i nomi dei treni italiani?

5. Quale treno è più lento?

Part II
1. Come si chiamano gli altri treni italiani?
2. È diretto il direttissimo?
3. Quale treno è il più rapido di tutti?

SECTION V SUPPLEMENT - Some useful questions and expressions

A. Alla stazione At the Station
Quanto costa il biglietto? How much does the ticket cost?
A che ora parte il prossimo treno? What time does the next train leave?
Da quale binario? From which track?
Dove scendo? Where do I get off?
Il facchino porta i bagagli? Is the porter bringing the luggage?
Dov'è l'orario ferroviario? Where's the train schedule?

B. Nel negozio At the store
Qual' è la vostra taglia? What's your size?
Non lo so. I don't know.
Sono dimagrita. I've lost weight.
Forse la 44*. Maybe 44.
*Remember that this is a continental size, not an American 44.

SECTION VI THE ADJECTIVE BELLO - Study the following
Com'è bello questo completo.
Com'è bella questa camicia.
Come sono belli questi completi.
Come sono belle queste camicie.

As you see above, bello has four forms when used after the verb essere. It uses these same forms when it follows a noun. When it comes before a noun however, bello follows the pattern of the adjective quello (Unit IX Section VII):

Masc. sing.	Masc. pl.	Fem. sing.	Fem.pl.
bel	bei	bella	belle
bello, bell'	begli	bell'	

The drills that follow will give you substantial practic
in this.

SECTION VII DRILLS

A. Repetition Drill
È'un bel treno
È un bello studente
È un bell' uomo
Sono dei bei treni
Sono dei begli studenti
Sono dei begli uomini

B. Repetition Drill
È una bella camicia
È una bell'opera
Sono delli belle camicie
Sono delle belle opere

C. Repetition Drill
Il treno è bello
Lo studente è bello
L'uomo è bello
I treni sono belli
Gli studenti sono belli
Gli uomini sono belli

D. Repetition Drill
La camicia è bella
L'opera è bella
Le camicie sono belle
Le opere sono belle

E. Question and Answer Drill-Answer the following questions according to the example using some form of bello.

Example: Com'è il ragazzo? Il ragazzo è bello.

1. Com'è l'opera?
2. Com'è la stazione?
3. Come sono gli stranieri?
4. Com'è il negozio?
5. Come sono le case?
6. Come sono gli spettacoli?

F. Exclamation Drill-Make an appropriate exclamation using the proper form of bello for the word given.

Example: negozio - Che bel negozio!

1. città
2. scarpe
3. bambini
4. orolgio
5. studenti

SECTION VIII THE PRONOUN NE

A. This is an extremely useful little word that basically replaces what we call "some" or partitive constructions. (the "di" constructions in Italian) Nouns replaced by 'ne' may become: some,(some) of it, (some) of them or any. 'Ne' can be used together with numbers or an expression of quantity. Study the following:

Vuoi del gelato? Sì, ne voglio. Yes I want some.
Hai degli spiccioli. No, non ne ho. No, I don't have any.
Quanti figli hai. Ne ho due. I have two (of them).
Parliamo dei treni italiani? Sì, ce ne sono abbastanza. Yes, there are quite a few (of them)

As you can see, in English 'ne' many times doesn't need to be expressed. However, in Italian it always is.

B. In the present perfect 'ne' comes before the verb and is considered to be a direct object pronoun, so agreement of the past participle is made.

Delle pesche	Ne abbiamo mangiate due.
Dei libri?	No ho comprati cinque.

SECTION IX DRILLS

A. Repetition Drill

dei treni? ce ne sono abbastanza.
dei figli? ne ho due.
del gelato? ne voglio.
degli spiccioli? non ne ho.
delle cravate? ne ha comprate cinque.
delle pesche? ne abbiamo mangiate due.
del burro? ne ho preso.

C. Question and Answer Drill-Answer the following according to the cue given using the pronoun 'ne'. Be careful of agreement.

EXAMPLE: Quante pesche avete mangiato?(due)
ANSWER: Ne abbiamo mangiate due.

1. Quanti completi ha comprato? (uno)
2. Quante camicie ha provato (tre)
3. Quanti libri ha letto questa settimana? (5)
4. Quanti biglietti avete preso per il concerto? (4)

B. Questions and Answer Drill - Answer the following according to the cue given using the pronoun 'ne'.

EXAMPLE: Maria, quanti figli hai?
ANSWER: Ne ho tre.

1. Maria, quanti cugini hai?(molti)
2. Maria, quanti fratelli hai?(due)
3. Maria, quante scarpe hai?(abbastanza)
4. Maria, quante gonne hai?(7)
5. Maria, quanti cappotti hai? (3)

SECTION X <u>REVIEW QUESTIONS</u>

1. Qual'è la vostra taglia?
2. Maria, tu sei dimagrita?
3. Answer with 'ne'. Quanti dolci vuoi?
4. Che cosa ti mostra la commessa?
5. Quale treno si ferma a quasi ogni stazione?
6. Cuanto costa il biglietto?
7. Dov'è entrato il signore?
8. Che cosa vuole comprare questa signora?
9. Ti prepari per uscire?
10. Answer with 'ne'. Quanti figli hai?
11. Di che cosa parlano le commesse?
12. Translate into Italian using"bello". They are nice shirts
13. Che cosa vuole dire "accelerato"?
14. Dove hai fatto un viaggio d'affari?
15. Di che marca è il tuo completo nuovo?
16. Questo cappotto è bello, e queste scarpe?
17. Scendo qui?
18. Gli stranieri conoscono bene i treni italiani?

SECTION XI <u>LEARNING ACTIVITIES</u>

1. Rewrite the Narrative using a woman and a women's store instead of a men's store.

2. Write a conversation between two people at a train station. Have one person ask the other about 5 different things that would require using 'ne' as part of the answer.

Learning Activities (continued)

2.(con't) They may be talking about tickets, luggage, food, schedules, etc.

3. Match column A with column B. (choose the most logical response)

A	B
1.dei figli?	1. Ne ho mangiate tre.
2.delle pesche?	2. Ne hanno visti tre al cinema.
3.della festa?	3. Ne hanno letti cinque.
4.dei film?	4. Ne ho due
5.dei libri?	5. Ne parliamo molto.

UNIT X, PART 2
1
A
B
C
2
A
B
C
3
A
B
C
4
A
B
C
5
A
044
B
040
C
048

ANSWER KEY - TEST YOURSELF

UNIT I

Part I Dictation (parenthesis indicate that many answers are possible)

1. Hai dormito bene? Sì ho dormito bene.
2. Che cosa hanno preso i giovani? Hanno preso (delle paste)
3. Answer with a negative command form-Mangio adesso? No, non mangiare!
4. Dove avete sciato? Abbiamo sciato (a Cortina)
5. Che cosa ha cercato Mario? Mario ha cercato (un libro)
6. Hai tempo per leggere? No, non ho mai tempoper leggere.
7. Com'è Cortina d'Ampezzo? Cortina è (bella)
8. Con chi hai parlato? Ho parlato con (Mario)
9. Che cosa avete bevuto al bar? Abbiamo bevito (la birra)
10. Hai fatto una bella chiacchierata? Sì, ho fatto...

Part II Listening Comprehension

1. B 2. C 3. B 4. A 5. C

Part III Listen and Write: Ieri, Claudia ha studiato l'inglese. Poi, ha fatto la spesa con la mamma. Nel pomeriggio ha lavorato alla Standa. La sera, ha parlato con Maria e adesso è molto stanca.

Part IV Guided Conversation.

Dove avete sciato? A Cortina d'Ampezzo?

Sì abbiamo sciato a Cortina d'Ampezzo.

E tu hai lavorato alla Standa?/Sì, ho lavorato alla Standa. Non ho mai tempo per svagarmi!

Che cosa fai stasera?

Vedo la televisione. C'è un film con Alberto Sordi. Com'è divertente!

UNIT II Part I Dictation: 1. Tu sei chiacchierone/ chiacchierona? 2. Dove siete andati? 3. A che ora è decollato l'aereo? 4. (Ans. negatively) Carla lascia dire una parolina a Maria? 5. Perché è sfinita la ragazza oggi? 6. (Ans. with no, ieri) Carla viene oggi? 7. (Ans. with no, ieri) Claudia, tu esci stasera? 8. Chi ha visto subito lo studente? 9. Dove si trova la dogana? 10. Signora, lei è nata negli Stati Uniti? 1. Sono... 2. Siamo andati (a Roma) 3. L'aereo è decollato (alle 9) 4. No, Carla non lascia dire... 5. Perché (ha lavorato molto) 6. No, Carla è venuta ieri. 7. No, (Io) sono uscita ieri.

8. Lo studente ha visto subito (la zia). 9. La dogana si trova (qui). 10. Sì, sono nata negli Stati Uniti.
Part II Listening Comprehension-1.a 2.c 3.a 4.c 5.b Part III Listen and Write: Le amiche di Gianna non hanno lavorato ieri. Sono uscite a fare la spesa. Dopo sono arrivate a casa di Claudia e hanno fatto la conoscenza di suo cugino Franco. Franco non abita qui, pero è venuto a studiare storia all'università. È un bravo giovanotto! Part IV Guided Conversation: È arrivata una lettera d'Elena? Benissimo! Quando è arrivata a New York? L'aereo è'atterrato alle nove e ha fatto la conoscenza di un giovane americano. Ma Elena non parla inglese? Però, questo ragazzo parla italiano. Come Si chiama? Franco Martini.

UNIT III

Part I Dictation: 1. Dove abita la tua famiglia? La mia famiglia abita (a Roma) 2. Che cosa stai cercando? Sto cercando (una borsa) 3. Com'è tuo fratello? Mio fratello è (bello e buono) 4. (make singular) Sono le loro scarpe. È la loro scarpa. 5. (Ans. with an article of clothing) Che cosa hai comprato? Ho compato (una gonna) 6. Da quanto tempo studi l'italiano? Studio l'italiano da(4 anni) 7. (Ans. with a poss. adj.) Dovè la maglia di Maria? La sua maglia è (nel salotto). 8. (Ans. with a poss. adj.) Di che colore sono i pantaloni di Roberto? I suoi pantaloni sono (neri) 9. Sai cucinare bene? Sì, so cucinare bene. 10. Avete visto i miei quanti? Sì, abbiamo visto i tuoi quanti. Part II L.C. 1.c 2.b 3.b 4.a 5.1 Part III L&W Ieri ho conosciuto un bel ragazzo. Abbiamo parlato molto. Lui sa sciare e domani andiamo a Cortina d'Ampezzo. Dopo farò la conoscenza della sua famiglia. Sua madre sa cucinare bene e mangerò la cena con loro. Part IV G.C. -Ti piace la città? - Sì, mi piace molto. - Da quanto tempo abiti qui? - Abito qui da 4 anni - E dove abita la tua famiglia? - La mia famiglia è a Roma.

UNIT IV

Part I Dictation: 1. Che cosa comprerai?Comprerò(una bors 2. Dove andrete domani? Andremo (al parco) 3. Marco ha detto la verità? Sì, ha detto... 4. Chi chiamerà Claudia? Claudia chiamerà (Maria) 5. A che ora finirete la lezione? Finiremo (alle 3) 6. A che cosa giocherano i giovani? Giocherano (a calcio). 7. Qual'è la tua specialità?

La mia specialità è (lasagna) 8. A che ora verrete al cinema? Verremo (alle 9 di sera) 9. Che cosa raccoglieremo? Raccoglierete (delle fragole). 10. Sai giocare a carte? Si, so giocare a carte. Part II L.C. 1.a 2.b 3.c 4.b 5.a Part III L&W Domani avrò una giornata libera. Farò molte cose interessanti. Primo, andrò alla biblioteca e poi al centro con la mia amica Gina. Compreremo dei vestiti per una festa. Mangeremo un buon pranzo alla "Campana Vecchia". Alle 5 Gina tornerà a casa ed io aspetterò mio fratello Gianni. Part IV G.C. - Che cosa farete domani? -Faremo un picnic. -Benissimo.Preparerete il pranzo? Sì, prepareremo un bel pranzo di carne, insalata e frutta. Che cosa berrete? Berremo vino e Fanta. -Allora, porterete tutti qualcosa? Oh sì, porteremo tutti qualcosa.

UNIT V

Part I Dictation 1.Avete trovato il prefisso? Sì abbiamo trovato il prefisso. 2. Di che cosa ha bisogno la signorina? Ha bisogno di (cambiare gli assegni) 3. Che cosa vuole cambiare la signorina? Vuole cambiare (gli assegni) 4. Dove si trova il telefono? Si trova (all'angolo) 5. Chi aiuta il signore? Il signore aiuta (la signorina) 6. (Ans. with a Direct Object pronoun) Hai visto Gianni e Mario? Sì, li ho visti. 7. Sei demoralizzata? Sì, sono demoralizzata. 8. Perché? (your own answer) 9. Dove lavora il cassiere? Lavora nella banca. 10. (Ans. with a direct object pronoun) Hai fatto il numero? Sì, l'ho fatto. Part II L.C. 1.b 2.a 3.c 4.a 5.a Part III L&W La signorina americana non è contenta. È triste e demoralizzata. Ha viaggiato molto e adesso è sfinita. Ha cercato l'Albergo Sienese pero non l'ha trovato.

Ha voluto fare una telefonata pero non ha gettoni. Adesso, entra in altro albergo. Forse il direttore l'aiuterà. Part IV G.C. -Hai i gettoni -Sì, ecco li. -Hai trovato il numero? -Sì, l'ho trovato -E il prefisso? -Mannaggia, non lo so. Pero è nella mia borsa. -Ma dov'è la tua borsa? Non la vedo.

Unit VI

Part I: 1. Perché sei venuto in America? Sono venuto in America (per studiare) 2. (Ans. with ind.obj. pron) Laura non parla a Maria? Non, Laura non le parla. 3. Che cosa ti ha spedito Claudia. Mi ha spedito (un regalo) 4. Ti piacciono i fiori? Sì mi piacciono. 5. Che cosa ha promesso loro? Ha promesso loro (un libro) 6. Elena gli parla adesso? Sì, Elena gli parla adesso. 7. Dove sei andata qualche giorno fa? Sono andata (a N.Y.) 8. Che cosa mi mandi? Ti mando (una borsa) 9. Le ragazze vi hanno scritto delle novità? Sì ci hanno scritto... 10. Perché devi scappare? Devo scappare perché (ho lezione).
Part II: 1.c 2.c 3.c 4.a 5.a
Part III: Domani è il mio compleanno pero non aspetto molti regali. Ieri le mie amiche della università mi hanno fatto una sorporsa, una bella borsa. E oggi ho ricevuto un assegno da mio fratello Alberto che abita negli Stati Uniti. Devo ringraziarlo. Forse, mamma preparerà qualcosa domani per celebrare con la famiglia, pero sono troppo vecchia per celebrare i compleanni. Ho 22 anni!
Part IV: Guided Conversation: -Hai parlato con Mario? -Sì, Claudia. Mi ha chiamata da N.Y. Io sono molto contenta che sia arrivato senza difficoltà. E Mario ti manda cari saluti, Claudia. -Grazie. Gli scriverò presto una lunga lettera. E come sta zia Grazia e la famiglia? -Tutti stanno bene. Ti mandano cari saluti. -Benissimo, ora (Io) devo scappare. Vado a lavorare.

Unit VII

Part 1. Ti sei divertita ieri sera? Sì, mi sono divertita. 2. A che ora ti sei svegliato oggi? Mi sono svegliato (alle 7) 3. Vi vestite subito? Sì, ci vestiamo subito. 4. A che ora comminicia la tua giornata? La mia giornata comminicia (alle 8) 5.Ti lavi le mani? Sì, mi lavo le mani. 6.Ti affretti? Sì, mi affretto. 7. Maria si prepara per uscire? Sì, si prepara per uscire. 8.Che cosa ha suonato? La sveglia ha suonato. 9. Come si sente lo studente oggi? Si sente (male) 10. I figli si sono lavati le mani? Sì, si sono lavati le mani.
Part II: 1.b 2.c 3.a 4.c 5.b
Part III: La giornata di Claudia Paolini è comminciata alle 8. La sveglia ha suonato e lei si è svegliata. Si è reposata qualche minuto di più e poi si è alzata. Ha guardata la sveglia e si è affrettata. Si è lavata e si

è vestita subito. Ha preso un caffè e poi è partita. Non vuole essere in ritardo.
Part IV: -Ti sei reposata oggi. -Sì mi sono riposata oggi. -Però, Marco si è affrettato, vero? -No, non si è affrettato. -Allora, vi siete preparati per uscire?
-Sì, ci siamo preparati per uscire. -Ti metti il cappotto?
-Sì, mi metto il cappotto e sono pronta.

UNIT VIII

Part I: 1. Come guidavano i papà? Guidavano (seriamente)
2. Dove andiamo in villeggiatura? Andiamo (a Rimini)
3. Quando andavi a Napoli, eri studentessa. Sì ero studentessa. 4. Che cosa volevate Volevamo (un biglietto)
5. Hai prenotato una camera? Sì, ho prenotato una camera.
6. Ans. the following with a different adverb ending in -mente. Gianna parla facilmente l'italiano? No, parla (lentamente) l'italiano. 7. Che cosa facevi quando eri piccolo? Quando ero piccolo (andavo al cinema) 8. Dove siete andati ieri sera? Siamo andati (al concerto) 9. Prenderai una villa in affitto quest'anno? Sì, prenderò una villa.
10. A che cosa giocavano i ragazzi? Giocavano (a calcio)

Part II: 1.a 2.b 3.b 4.c 5.a
Part III: Paola ed Anna parlavano delle vacanze. Quando erano piccole andavano in villeggiatura a Porto Recanati per due settimane. Ci andavano in campeggio e come si divertivano! Non volevano tornare in città. Una volta i loro genitori ci hanno passato un mese. Ah, quelli erano i giorni!
Part IV: -Che cosa studiavi all'università? -Studiavo storia. -Ti piaceva? -No, non mi piaceva molto. -Erano difficili i professori? -Sì, erano molto difficili.
-Avevi tempo per svagarti? -No, non avevo mai tempo per svagarmi. -Però, giocavi a tennis, quando eri libera, non è vero? -Sì, giocavo a tennis quando ero libera.
-E adesso? -Ho terminato l'università e sono laureata.
-Brava!

Unit IX

Part I: 1. Ha vinto la tua squadra? Sì, la mia squadra ha vinto. 2. A che cosa giocherano domani? Giocherano (a calcio) 3. Answer affirmatively with a poss.pronoun-Sono i quanti di Gianni? Sì, sono i suoi quanti. 4. Ti piacciono le lotterie? Sì, mi piacciono. 5. Che cosa fai

il fine settimana? Vado (al teatro) 6. Perché aspetti con ansia? Aspetto (i risulati) 7. Answer with a poss pronoun - Questo libro è il tuo? Sì, è il mio. 8. È vecchio, questo cappotto? Sì, è vecchio. 9. Dove andate la prossima settimana? Andiamo (a Roma).
10. Chi è quella ragazza? Quella ragazza è (una amica)
Part II: 1.c 2.a 3.b 4.a 5.b
Part III: Lo sport nazionale italiano è il calcio. Gli italiani hanno le loro squadre favorite. Vanno alle partite negli stadi o le guardano alla t.v. Ci sono anche dei giocatori favoriti e i giovani impazziscono per questi giocatori eccellenti. Il calcio è per gli italiani come il baseball è per gli americani.
Part IV: -Ha vinto la squadra di Mario? No la sua squadra ha perso, peccato! Va bene. C'è sempre la prossima settimana. -Sì, allora vuoi giocare a tennis? -Benissimo,non gioco a tennis da (2 settimane).

Unit X

Part I: 1. Dove si ferma il treno? Si ferma (a Bari)
2. Che cosa mostra la commessa al signore? Gli mostra completo.
3. Answer with a form of bello-Come sono le camicie? Le camicie sono belle.
4. A che ora parte "il rapido"? Parte alle 17. 5. Cono scete bene i treni italiani? Sì, li conosciamo bene.
6. Scendo qui? Sì, scendi qui. 7. Per che cosa si prepara la signora. Si prepara per(un viaggio) 8. Answer with a form of bello-Come sono gli uomini italiani? Sono belli. 9.Qual' è la vostra taglia? La mia taglia è (42) 10. Sei dimagrita? Sì, sono dimagrita.
Part II: 1.b 2.c 3.c 4.b 5.a
Part III: Un signorina è andata alla stazione. Voleva andare a firenze. Ha guardato l'orario e poi ha compra un biglietto di andata e ritorno. Il treno parte alle 20 dal binario 8. È un rapido. La signorina cerca un facchino per aiutarla con i bagagli.
Part IV: -Buon giorno, signorina. Posso aiutarla? -Sì grazie. Cerco un vestito elegante per un matrimonio. -Va bene. Qual'è la vostra taglia. -42 -E che colore preferisce? -Preferisco rosa. -Va bene, signorina. Ho tre vestiti bellissimi. -Sì sono molto belli. Dove pos provarli -Là -Grazie.

CPSIA information can be obtained at www.ICGtesting.com
260590BV00001B/38/A

9 781579 700768